Die Klostergründungen der Etichonen im Elsass

von

Nicole Hammer

Tectum Verlag
Marburg 2003

Hammer, Nicole:
Die Klostergründungen der Etichonen im Elsass
/ von Nicole Hammer
- Marburg : Tectum Verlag, 2003
ISBN 978-3-8288-8509-7

© Tectum Verlag

Tectum Verlag
Marburg 2003

Inhalt

EINLEITUNG 5

1. DAS ELSASS ZUR ZEIT DES ETICHONISCHEN HERZOGTUMS 7

1.1 Der elsässische Dukat vor dem etichonischen Herzogtum 7
1.2. Das erste Auftreten der Etichonen im Elsass 11
1.3. Die Etichonenfamilie 13
1.4. Das Ende der etichonischen Macht im Elsass 16

2. POLITISCHE UND RELIGIÖS-SOZIALE ASPEKTE DER KLOSTERGRÜNDUNGEN IM FRÜHMITTELALTER 19

2.1. Politische und wirtschaftliche Aspekte von Klostergründungen 19
2.2. Der religiös-soziale Hintergrund der Klostergründungen 21
2.2.1. Die Heiligenverehrung 21
2.2.2. Klostergründungen als „Vorsorge" für das Jenseits 24

3. DIE GRÜNDUNG HOHENBURGS UND NIEDERMÜNSTERS 29

3.1. Die ersten Klostergründungen der Etichonen im Elsass 29
3.2. Ausstattung und wirtschaftliche Bedeutung der beiden Klöster 32
3.3. Die religiöse Bedeutung Hohenburgs und Niedermünsters 35

4. DIE GRÜNDUNG EBERS(HEIM)MÜNSTERS 39

4.1. Klostergründung und Quellenproblematik Ebersheimmünsters 39
4.2. Möglicher Besitz und wirtschaftliche Bedeutung des Klosters 41
4.3. Religiöse Bedeutung und Verbindung mit Hohenburg 42

5.	**DIE GRÜNDUNG VON ST. STEPHAN IN STRAßBURG**	**47**
5.1.	Die Klostergründung und ihr Werdegang bis ins neunte Jahrhundert	47
5.2.	Ausstattung und Bedeutung des Klosters	53
6.	**DIE GRÜNDUNG HONAUS**	**57**
6.1.	Gründung und geistliche Einrichtung des Klosters	57
6.2.	Materielle Ausstattung des Klosters	62
6.3.	Die Bedeutung der Urkunden für die Geschichte der Etichonenfamilie	63
7.	**DIE GRÜNDUNG DES GRAFEN EBERHARD: MURBACH**	**71**
7.1.	Die Gründung durch den Grafen Eberhard und den heiligen Pirmin	71
7.2.	Die Privilegierung Murbachs durch den Bischof von Straßburg	77
7.3.	Ausstattung und Bedeutung des Klosters von der Zeit der Etichonen bis zu den Karolingern	81
7.3.1.	Murbachs materielle Ausstattung	81
7.3.2.	Die Stellung des Klosters unter den Karolingern	84
7.3.3.	Murbachs religiös-kulturelle Bedeutung	86
7.4.	Gedenklisten als Quelle der Klostergeschichte von den Anfängen des Klosters bis in die Karolingerzeit	89
7.4.1.	Zur Überlieferung	89
7.4.2.	Zeitlicher Aufbau der Murbacher Einträge im Reichenauer Verbrüderungsbuch und ihre Aussagen zur Klostergeschichte	91
7.4.3.	Weitere mit Murbach verbrüderte Gemeinschaften	97
8.	**DIE MONASTERIEN DER ETICHONEN ALS TYPISCHE FRÜHMITTELALTERLICHE KLOSTERGRÜNDUNGEN**	**101**

Abkürzungsverzeichnis 105
Quellen und Literaturverzeichnis 106
Anhang/Karte 117

Einleitung

Im siebten Jahrhundert erschien im Elsass ein Geschlecht, das die Geschichte des Gebiets über einen langen Zeitraum bestimmen sollte – die Etichonen. Sie traten besonders durch zahlreiche Klostergründungen in Erscheinung, die durch ihre Urkunden die meisten Informationen in der ansonsten quellenarmen Zeit über die Familie liefern. Daher sollen in dieser Arbeit die vielschichtigen Aspekte der etichonischen Klostergründungen untersucht werden.

Zunächst einmal ist es notwendig, die Voraussetzungen für die Klostereinrichtungen zu klären. Deshalb muss zu Beginn der Frage nachgegangen werden, wie das elsässische Herzogtum entstanden ist und welche Entwicklungen die etichonische Familie von der Zeit der Merowinger bis zu dem Aufstreben der Karolinger durchlief.

Der folgende Teil soll allgemeine Beweggründe für Klostergründungen im Frühmittelalter aufzeigen, um die wichtigen und vielfältigen Bedeutungen der Monasterien herauszustellen. Sowohl die politischen und wirtschaftlichen als auch religiöse und soziale Motivationen fließen mit ein. Im Bereich des religiösen Hintergrunds wird auch die Verbrüderungsbewegung der Klöster ansatzweise mit hinzugenommen, da sie zum einen die religiösen Vorstellungen der Menschen im Frühmittelalter vertiefen und sich andererseits einige Erkenntnisse für die Etichonengründungen gewinnen lassen.

Im folgenden wird eine genauere Analyse jedes einzelnen Klosters vorgenommen, innerhalb der zum einen überprüft wird, welche allgemeinen Kriterien zutreffen, aber auch welche spezifischen Eigenarten den etichonischen Gründungen zukommen. Die Untersuchung der einzelnen Klostergründungen erfolgt nach den Generationen, d.h. begonnen wird mit denen des Stammvaters Eticho, Hohenburg und Ebersheimmünster. Dann folgten die Klöster seines Sohnes und Nachfolgers Adalbert, St. Stephan in Straßburg und Honau. Den

Abschluß bildet die Stiftung Murbach des Grafen Eberhard, des Sohnes Adalberts.

Zum Abschluss werden noch einmal alle wichtigen Aspekte der etichonischen Klostergründungen zusammengefasst, und es wird versucht, Gemeinsamkeiten und Charakteristika zu finden.

Insgesamt ist die Zahl der Quellen für die Etichonengründungen im ansonsten quellenarmen Frühmittelalter eher hoch. Dennoch ist die Verteilung auf die einzelnen Monasterien sehr unterschiedlich. So existieren z.B. für die Frühzeit Ebersheimmünsters nur noch sehr wenige Quellen, hinzu kommt, dass oftmals ein Großteil der ehemals vorhandenen Urkunden verschwunden ist oder gefälscht wurde. Hingegen sind in Honau und Murbach erstaunlich viele Urkunden erhalten geblieben. Daher ist zu berücksichtigen, dass sich diese Quellenlage auf die Ausführlichkeit der Bearbeitung auswirkt.

Genauso unterschiedlich gestalteten sich die verwendeten Forschungsarbeiten zu den einzelnen Klöstern. So konnte häufig nur ältere Literatur hinzugezogen werden, da die Klostergründungen im Elsass offensichtlich in den letzten Jahren nur von wenigen Historikern untersucht wurden.

1. Das Elsass zur Zeit des etichonischen Herzogtums

1.1 Der elsässische Dukat vor dem etichonischen Herzogtum

Anders als in Alemannien oder Bayern ging das elsässische Herzogtum nicht aus alteingesessenen Adelsfamilien hervor, denn es wurde zunächst als militärische Verwaltung eines Randgebietes eingerichtet. Mit dem Niedergang der Merowinger wurde der Herzogtitel schließlich erblich und die Etichonen entwickelten sich zur mächtigsten Kraft im Elsass. Daher soll an dieser Stelle erst einmal genauer untersucht werden, welche Voraussetzungen die Etichonen im elsässischen Dukat vorfanden.

Die territorialen Ausmaße des Elsass im Mittelalter lassen sich grob durch grüne Grenzen abstecken, im Süden durch das Juragebirge und im Westen durch den Vogesenkamm. Im Norden erstreckt sich der Hagenauer Forst, während im Osten der Lauf des Rheins das Gebiet abschließt. Die Römer teilten das ganze Territorium unter ihrer Herrschaft in zwei Verwaltungseinheiten, das Ober- und das Unterland[1]. Auch in Bezug auf die frühen Kirchensprengel zerfiel das Elsass in zwei Teile, südlich gehörte es zur Diözese des Bischofs von Basel-Augst, und nördlich stand es unter dem Einflussbereich des Straßburger Bischofs. Mit den Bistümern waren jedoch noch keine weitreichenden strukturierten Kirchenorganisationen verbunden, ihr Einflussbereich beschränkte sich meist auf die engere Umgebung.

Nach der Herrschaftsübernahme der Franken wurde das Elsass einer neuen inneren politischen Gliederung unterzogen. In den eroberten Gebieten behielten die Merowigerkönige meist die römischen Verwaltungsbezirke bei und setzten diesen zur Kontrolle einen Verwaltungsbeamten, meist einen Grafen, *comes*, an die Spitze. Für das

---

[1] Burg, André Marcel: Das elsässische Herzogtum. Ein Überblick. In: ZGORh 117 (1969). S. 84.

Elsass bleibt die Frage nach einer solchen Aufteilung strittig. Dass das Elsass unter den Merowingern zunächst in der Form von zwei Grafschaften erhalten wurde, wird heute eher angezweifelt[2]. Ab der Mitte des siebten Jahrhunderts tauchte mit dem Herzogtum eine einheitliche Verwaltung auf. Mit der Bezeichnung Herzog ist aber kein *dux* nach germanischer Auffassung gemeint, sondern hinter diesem Titel verbirgt sich eine fränkische Heerführerbezeichnung, der Träger galt also als direkter militärischer Verteidiger eines Gebietes[3]. Warum dies gerade im Elsass der Fall war, wird deutlich, wenn man den gesamtpolitischen Hintergrund betrachtet.

Zwischen den Merowingern und dem an das Elsass angrenzenden Alemannien kam es immer wieder zu Auseinandersetzungen. Darüber hinaus musste der merowingische König Sigibert II. 641 eine Niederlage in Thüringen hinnehmen, welche dazu führte, dass sein Einflussgebiet bis an den Rhein zurückschrumpfte[4]. Das Elsass wurde somit zu einem Grenzland, das verteidigt werden musste. Daher schufen die Merowinger in der Mitte des siebten Jahrhunderts ein militärisches Herzogtum, das vor allem als Bollwerk gegen die rechtsrheinischen Alemannen, die immer wieder ins Elsass einfielen, vorgesehen war[5].

Die beiden ersten erwähnten Verwalter des Elsass in diesem Zeitraum waren Gundoin und Bonifatius. Gundoin findet sich in der Vita Germani des Abtes von Münstergranfelden als Zeitgenosse des Abtes Baldobert von Luxeuil, der etwa von 629 bis 670 das Kloster

---

[2] Borgolte, Michael: Die Geschichte der Grafengewalt im Elsass von Dagobert I. bis Otto dem Großen. In: ZGORh 131 (1983). S. 5 f.
[3] Burg, André Marcel: Das elsässische Herzogtum. S. 85.
[4] Ebd. S. 85.
[5] Himly, Jean François: Neue Erkenntnisse zur merowingischen Geschichte des Elsass. In: Lademacher, Horst (Hrsg.): Austrien im Merowingerreich. Niederschrift über die Tagung der Arbeitsgemeinschaft für westdeutsche Landes- und Volksforschung in Mainz vom 26.-28. Oktober 1964. Bonn 1965. S. 72.

leitete[6]. Diese Quelle ist der einzige Beleg für sein Auftreten im Elsass; seine Familie und seine Herkunft sind nicht weiter bekannt[7]. In derselben Vita wird der spätere Herzog Eticho als zweiter Nachfolger Gundoins genannt. Nach Meinung von Hagen Keller lässt dies nicht unmittelbar darauf schließen, dass Gundoin deshalb das Herzogsamt im Elsass bekleidete, da er genauso wie Bonifatius nicht als Herzog des Elsass bezeichnet wurde[8]. Die Lebensbeschreibung des Abtes Germanus berichtet aber weiterhin, dass, nachdem ständige steigende Mönchszahlen das berühmte Columban Kloster Luxeuil überlasteten, dessen Abt Baldobert eine Neugründung gewollt habe und sich damit an den Herzog Gundoin gewandt hätte. Diese Stelle spricht dafür, dass schon Gundoin den Herzogstitel für das Elsass führte.

Für das Jahr 638/39 wird die Gründung der Abtei Münstergranfelden (Moutier-Grandval) vermutet. An dieser Stelle kann nun wieder auf das Problem des Herzogsamtes eingegangen werden, denn in der Mitte des siebten Jahrhunderts lassen sich auch Schenkungen von Fiskalgut des neustrischen Königs Dagoberts I. an Straßburg nachvollziehen, aus denen sich schließen lässt, dass Gundoin mit dem neustrischen Machthaber zusammengearbeitet hat[9]. Daher könnte Gundoin erst von Dagobert I. als Herzog eingesetzt worden sein.[10] Diese These wird noch durch die Tatsachen gestützt, dass weder unter Gundoin noch unter seinem Nachfolger Bonifatius im

---

[6] Vita germani abbatis Grandivalensis, hg. von Bruno Krusch (=MGH, Scriptorum Rerum Merovingicarum, passiones vitaeque sanctorum aevi merovingici, V). Erstdruck Hannover 1910. Unveränderter Nachdruck Hannover 1979. S. 37 f.

[7] Büttner, Heinrich: Geschichte des Elsass. Bd. 1. Politische Geschichte des Landes von der Landnahmezeit bis zum Tode Ottos III. Ausgewählte Beiträge zur Geschichte des Elsass in Früh- und Hochmittelalter. Sigmaringen 1991. S. 71.

[8] Keller, Hagen: Fränkische Herrschaft und alemannisches Herzogtum im 6. und 7. Jahrhundert. In: ZGORh 124 (1976) S. 28.

[9] Borgolte, Michael: Die Geschichte der Grafengewalt im Elsass von Dagobert I. bis Otto dem Großen. S. 8.

[10] Ebd. S. 8.

elsässischen Dukat einem Grafen eine führende Rolle zugeschrieben werden kann, somit bleibt die oberste Position wohl auf eine Herzogsverwaltung festgelegt. Gundoins Amtsbereich scheint von Straßburg bis in den Sornegau und darüber hinaus bis zum Thuner See gereicht zu haben[11].

Dass bei der Gründung von Münstergranfelden ebenfalls politische Interessen eine wichtige Rolle spielten, wird durch die Lage des Klosters deutlich. Es wurde an einer alten Römerstraße errichtet, die sich als die schnellste Verbindung von Biehl nach Basel anbot. Den Mönchen fiel die Aufgabe zu, diese wieder herzurichten und den Jura-Pass, La Pierre-Petuis, nach Biel und Burgund frei zu machen, so dass damit ein Weg vom Frankenreich zum Elsass offen stand[12]. Diese Tatsache stützt die Annahme einer direkten Zusammenarbeit Gundoins mit der fränkischen Macht.

Der zweite urkundlich belegte Herzog des Elsass war Bonifatius. Er tritt bei der Gründung von Münster im Gregoriental zusammen mit dem Straßburger Bischof Rotharius in Erscheinung[13]. Auch bei dieser Einrichtung zeigt sich wieder eine starke Verbindung mit politischen Absichten. Zum einen gehörte das Gebiet um Münster im Oberelsass eigentlich zum Bereich des Baseler Bischofs, d. h. sein Einfluss wurde zugunsten des Straßburger Bischofs zurückgedrängt. Offensichtlich stützte dieser die Interessen des Herzogtums besser. Zum anderen waren mit der Errichtung von Münster im Gregoriental ebenfalls die Erschließung einer wichtigen Straße und die Rodung des Fechtales, das das Kloster umgab, verbunden. Über eine Schlucht eröffnete sich dadurch eine Passage, die durch die Vogesen und nach Remiremont, also in den Osten des Frankenreiches, führte.

---

[11] Ebd. S. 8.
[12] Burg, André Marcel: Das elsässische Herzogtum. S. 86
[13] Regesta Alsatiae aevi Merovingici et Karolini 496-918. Bd. 1. Quellenband, hg. von Albert Bruckner. Straßburg 1949. S. 15. Nr. 44.

Über mögliche verwandtschaftliche Beziehungen zwischen Gundoin und Bonifatius ist nichts bekannt. Ähnlich gestaltet sich das „Verschwinden" des Bonifatius. Das letzte Mal wurde er 664/66 in einer Urkunde für Speyer genannt, danach trat bereits 673 an seine Stelle Herzog Eticho[14].

1.2. Das erste Auftreten der Etichonen im Elsass

Ebenfalls in der Vita Germani des Abtes von Münstergranfelden wird beschrieben, wie Eticho das erste Mal im Elsass erschien. Dabei stellt sich die Frage, woher er eigentlich kam und warum gerade ihm das Elsass zugewiesen wurde.

Eticho, *Chadicho* oder auch *Atticus*, wie er in den Quellen noch genannt wird[15], war neustroburgundischer Herkunft und wirkte in den 60er Jahren des siebten Jahrhunderts als *dux* des *Pagus Attoariensis* (Attyer) um Dijon[16]. Sein Name ist auf das gesamte Herzogshaus übergegangen. Etichos Herkunft ist nicht genau auszumachen. In der Vita Odilias wird als Vater ein *Liutherius major domus* angeführt, der aber sonst in keiner anderen Quelle erwähnt wird[17]. Für das Jahr 693[18] ist ein Attich am fränkischen Königshof belegt, mit

---

[14] Bonifatius in: Diplomata regum Francorum e stirpe Merovingica, Childericus II., hg. von Georg Heinrich Pertz (=MGH Diplomatum regnum francorum e stirpe merovingica, I). Erstdruck Hannover 1872. Unveränderter Nachdruck Stuttgart 1965. S. 27 Nr. 26. Eticho (*dux Chadichus*): Ebd. S. 29. Nr. 30.

[15] Z. B. *Chadicho* in Regesta Alsatiae, hg. von Albert Bruckner S. 19. Nr. 52. und *Atticus* Ebd. S. 25 Nr. 66.

[16] Zotz, Thomas: Artikel Etichonen. In Lex Ma. Bd. 3. München 1986. Sp. 57.

[17] Vita Odiliae abbatissae Hohenburgensis. hg. von Wilhelm Levison (=MGH, Scriptores Rerum Merovingicarum, Passiones vitaeque sanctorum aevi merovingici I, VI). Erstdruck Hannover 1913. Unveränderter Nachdruck Hannover 1979. S. 37. Im folgenden zitiere ich nach dieser Ausgabe.

[18] Diplomata Regum Francorum e stirpe Merovingica, Theudericus III. (=MGH Diplomata regum Francorum e stirpe Merovingica, I), hg. von Georg Heinrich Pertz Erstdruck Hannover 1872. Unveränderter Nachdruck Stuttgart 1965. S. 43. Nr. 46.

dem er wahrscheinlich identisch ist. Er war in die Adelsoppositionskämpfe gegen den neustrischen König Theuderich III. verwickelt, auf die in dieser Arbeit nicht genauer eingegangen werden kann[19]. Nachdem Eticho die Gruppe um Theuderich III. zunächst unterstützt hatte, weil er hoffte, zum *Patricius* der Provence gemacht zu werden, lief er schließlich zu Childerich II., dem austrasischen König, über[20]. Das hatte zur Folge, dass Theuderich III. ihm Güter in Burgund entzog, die er 677 der Abtei Bèze in der Diözese Langres schenkte[21]. Doch offenbar wurde Eticho von Childerich und dem hinter ihm stehenden Hausmeier Pippin reichlich entschädigt, denn schon 673 findet man in ihn er in elsässischen Quellen.

Die erste Nachricht über ihn liefert, wie schon oben beschrieben, die Vita des Abtes Germanus von Münstergranfelden. Der Autor berichtete, dass Eticho brutal gegen das Volk in der Umgebung des Kloster Münstergranfelden vorgegangen sei mit dem Vorwand, dass die Bevölkerung bereits gegen seinen Vorgänger, Bonifatius, rebelliert hätte. Diese Unterstellung wurde zurückgewiesen, und somit verbannte Eticho die Centaren, die wahrscheinlich mit Verwaltungsaufgaben betrauten Beamten des Tales[22]. Weiterhin wird berichtet, dass Germanus, der Abt des Klosters Münstergranfelden, mit ihm verhandeln wollte, was aber zu keinem Ergebnis führte. Daraufhin wüteten die Soldaten Etichos in dem gesamten Gebiet, und der Abt wurde grausam ermordet. Der Kriegszug des Herzogs

---

[19] Ausführlich siehe: Ewig, Eugen: Die fränkischen Teilreiche im 7. Jahrhundert (613-714). In: Spätantikes und fränkisches Gallien Bd. 3/1 München 1976. (=Beihefte der Francia 3/1) S. 172-230.

[20] Vollmer, Franz: Die Etichonen. Ein Beitrag zur Frage der Kontinuität früher Adelsfamilien. In: Tellenbach, Gerd (Hrsg.): Studien und Vorarbeiten zur Geschichte des großfränkischen und frühdeutschen Adels. Freiburg 1957. (=Forschungen zur oberrheinischen Landesgeschichte 4) S. 137.

[21] Diplomata Regum Francorum e stirpe Merovingica, Theudericus III (=MGH Diplomata Regum Francorum e stirpe Merovingica, I), hg. von Georg Heinrich Pertz Erstdruck Hannover 1872. Unveränderter Nachdruck Stuttgart 1965. S. 43. Nr. 46.

[22] Borgolte, Michael: Die Geschichte der Grafengewalt im Elsass von Dagobert I. bis Otto dem Großen. S. 11.

galt ausdrücklich der gewaltsamen Unterwerfung der Bevölkerung[23]. Eine Tat, die, wie sich noch zeigen wird, Eticho auch in späteren Zeiten immer noch angelastet wurde.

In diesem Zusammenhang zeigte sich die besondere Stellung des Herzogtums im Elsass. Bedingt durch die Zuweisung des Herzogtums durch die fränkische Obrigkeit, besaß Eticho, anders als eine alteingesessene Adelsfamilie, zunächst kein großes Ansehen in der Region; dieses musste er sich erst in der folgenden Zeit erarbeiten. Daher beschäftigt sich der nächste Teil mit dem weiteren Aufbau der Familie und deren Aufstieg.

1.3. Die Etichonenfamilie

Betrachtet man das Elsass des siebten und achten Jahrhunderts, so lässt sich feststellen, dass kaum Quellen für diese Zeit vorhanden sind. Die meisten Zeugnisse überlieferten die zahlreichen neu gegründeten Klöster, sie bilden daher den Kern dieser Arbeit. Um sich aber zunächst einmal einen groben Überblick über die Familienverhältnisse verschaffen zu können, dient an dieser Stelle eine Genealogie aus dem 15. Jahrhundert als Hilfsmittel, deren Wurzel auf ältere Aufzeichnungen zurückgehen[24]. Die Aussagekraft dieser Quelle kann dann im folgenden anhand der Überlieferungen zu den einzelnen Klostergründungen genauer überprüft werden. Außerdem soll aufgezeigt werden, wie weit sich die Spuren der Familie über das Ende der Genealogie hinaus verfolgen lassen und welche wichtigen Funktionen den Nachfahren Etichos über die Herzogswürde hinaus noch zuteil wurden.

---

[23] Keller, Hagen: Fränkische Herrschaft und alemannisches Herzogtum im 6. und 7. Jahrhundert. S. 28f.
[24] Wilsdorf, Christian: Le monasterium Scottorum de Honau et la famille des ducs d`Alsace au VIII$^e$ siècle. Vestiges d`un cartulaire perdu. In: Francia 3 (1976) S. 24.

Mit der Überlieferungsgeschichte der hier benutzten Genealogie beschäftigten sich Christian Wilsdorf und Franz Vollmer[25]. Sie fanden heraus, dass sich in dem Etichonenkloster Honau ein Chartular aus dem 15. Jahrhundert befand, das aber nach zahlreichen Umzügen und der Auflösung des Klosters wahrscheinlich im 18. Jahrhundert im Zusammenhang mit der Vernichtung von Akten in Straßburg verlorengegangen ist. Bekannt wurde es, weil es (von vermeintlichen Historikern) in diesen Zeitraum eingesehen und teilweise auch kopiert wurde. Das Chartular muss im wesentlichen aus Abschriften von früheren Urkunden, die wahrscheinlich bis in die Gründungszeit zurückreichten, bestanden haben. Dabei befand sich auch eine sogenannte *Genealogica*, eine Stammtafel über den familiären Werdegang der Etichonen. Der genaue Redaktionszeitpunkt und der Bearbeiter sind unbekannt. Der Schreiber muss aber für die Erstellung der Ahnentafel entweder auf Schenkungsurkunden der Etichonenfamilie oder/und auf die weit verbreitete Odilienvita zurückgegriffen haben. Da letztere im weiteren Zusammenhang der Genealogica erwähnt wird, kann die Entstehungszeit jedoch nicht vor dem zehnten Jahrhundert anzusetzen sein, da etwa dann erst die Heiligengeschichte geschrieben wurde.

Die Stammtafel beginnt mit Eticho unter dem Namen *Adalricus sive Hettich*, die *Genealogica* weiß also nichts über einen Vater Etichos zu berichten. Seine Frau, Berswinda, wird nicht erwähnt. Dies scheint ungewöhnlich, da z. B. die Odilienvita von einer hochadeligen Herkunft Berswindas ausgeht, denn laut deren Angaben entstammte sie der Familie des Heiligen Leodegar, Bischof von Autun, die zu den vornehmsten Frankenfamilien gehörte[26]. Möglicherweise war sie eine Tochter von einer der Schwestern des Heiligen[27]. Für diese Angaben gibt es allerdings keine urkundliche Sicherung.

---

[25] Ebd. S. 17-30. siehe auch Vollmer, Franz: Die Etichonen. S. 152f.
[26] Vita Odiliae abbatissae Hohenburgensis, hg. von Wilhelm Levison. S. 38.
[27] Claus, Joseph M. B.: Die Heiligen des Elsass in ihrem Leben, ihrer Darstellung, ihrer Verehrung und ihrer Darstellung in der Kunst. Düsseldorf 1935. (=Forschungen zur Volkskunde 18/19) S. 46.

Auch im folgenden nannte der Autor nur wenige Frauen. Wie sich zeigen wird, erwähnte der Schreiber nur Frauen, die im Zusammenhang mit den Klostergründungen erschienen.

Die erste Generation nach Eticho bestand aus seinen vier Söhnen, Adalbert, Batticho oder Batacho, Hugo I. und Hecho I. und der einzigen erwähnten Tochter, der heiligen Odilia. Von Adalbert, dem ältesten Sohn, ist bekannt, dass er seinem Vater im Herzogsamt nachfolgte. Dies geschah zu einem Zeitpunkt, als der Einfluss der Merowinger im Elsass so schwach war, dass diese Würde erblich werden konnte[28]. Neben ihm nahm seine Schwester Odilia im Zusammenhang mit den Gründungen Hohenburg und Niedermünster und ihrer kultischen Verehrung einen wichtigen Platz in der Familie ein, auch darauf soll im folgenden näher eingegangen werden.

In der zweiten Generation kam vor allem den Nachfahren Adalberts eine hohe Bedeutung zu. In der Genealogie wurden seine Söhne *Luitfridus* und *Ebrohardus* und *Maso* genannt. Nachfolger im Herzogsamt wurde Luitfried, und sein Bruder Eberhard erhielt den Titel eines Grafen. Eberhard spielte auch als Gründer von Murbach eine wichtige Rolle. Maso steht im Zusammenhang mit der Gründung von Masmünster. Er wurde in einem unechten Diplom Ludwigs des Frommen für das Kloster[29] und in der Ebersheimer Chronik genannt[30]. Sonst gibt es keine Belege für ihn. Da dem Kloster keine große Bedeutung zukam, wird es in dieser Arbeit nicht weiter behandelt[31]. Darüber hinaus werden noch drei Töchter erwähnt, die Heilige Attala, Eugenia und Gerlinda. Belege für Attala sind später

---

[28] Wilsdorf, Christian: Le comte Eberhard fondateur de Murbach. In: Saisons d'Alsace 82 (1983). S. 23. Vgl. auch Zotz, Thomas: Artikel Etichonen. Sp. 57.

[29] Regesta Alsatiae, hg. von Albert Bruckner. S. 286 f. Nr. 458.

[30] Chronicon Ebersheimense, hg. von L. Weiland (MGH=Scriptores Rerum Merovingicarum, XXIII.). Erstdruck Hannover 1874. Unveränderter Nachdruck Stuttgart 1963. S. 437 f.

[31] Ausführlichere Informationen finden sich bei Büttner, Heinrich. Das Elsass. Bd. 1. S. 87

im Zusammenhang mit der Abtei St. Stephan zu untersuchen, ihre beiden Schwestern finden sich im Bezug auf Hohenburg wieder. Die Nachkommen der anderen drei Söhne Etichos stehen nur noch im Kontext einzelner Schenkungen an verschiedene Klöster und werden daher nur noch unter diesem Aspekt betrachtet. Ihre Linie konnte der Autor der *Genealogica* bis in die vierte Generation verfolgen. Anders ist dies bei den Nachfahren des Herzogs Luitfried und des Grafen Eberhards, für sie sind keine Nachkommen mehr belegt. Luitfried, von dem wir aus anderen Quellen erfahren, dass dessen Sohn angeblich früh gestorben sei, war der letzte Herzog des Elsass. Damit endet die Machtentfaltung der Etichonen im Elsass.

1.4. Das Ende der etichonischen Macht im Elsass

Die Situation im Elsass änderte sich durch die endgültige Niederschlagung der alemannischen Aufstände bei der Schlacht von Cannstatt 746. Während der Kämpfe der Hausmeier Pippin und seines Bruders Karlmann erlosch das elsässische Herzogtum. Die letzte Urkunde des Herzogs Luitfried wurde wahrscheinlich 739[32] ausgestellt, in einer weiteren Urkunde für Weißenburg wird sein Name am 27. Mai 742[33] das letzte Mal genannt. Danach führten die Karolinger wieder die alte Verwaltungseinheit der Römer ein, d.h. sie teilten das Land verwaltungsmäßig in Ober- und Unterelsass und bestimmten zwei Grafen zur Verwaltung[34]. Es ist umstritten, ob das Herzogtum zwangsweise beseitigt wurde. Diese Forschungsmeinung vertritt z. B. Christian Wilsdorf.[35] Auf jeden Fall war es nach dem Sieg über die Alemannen überflüssig geworden[36]. Vielleicht

---

[32] Regesta Alsatiae, hg. von Albert Bruckner. S. 78. Nr. 137.
[33] Ebd. S. 82. Nr. 145
[34] Borgolte, Michael: Die Geschichte der Grafengewalt im Elsass von Dagobert I. bis Otto dem Großen. S. 16.
[35] Wilsdorf, Christian: Les Etichonides au temps carolingiens et ottoniens. In: Bulletin philologique et historique (jusqu`à 1610) du Comité des travaux historiques et scientifiques, 1964. S. 8.
[36] Büttner, Heinrich: Geschichte des Elsass. Bd. 1. S. 108

ließen die Karolinger das Herzogtum aber auch einfach nur aussterben, da es im Hause des Herzogs ohnehin keinen Nachfolger mehr gab. Diese Positionen vertreten beispielsweise Franz Vollmer und Heinrich Büttner[37]. Dafür spricht, dass der etichonische Besitz von diesen Maßnahmen nicht betroffen war und die Familie weiterhin einen starken Einfluss im Elsass behielt. Welche Folge dieser Machtwechsel auf die Klostergründungen besaß, wird im folgenden noch zu klären sein.

Wie sich die Familie im Laufe der Zeit weiter entwickelte, kann nicht mehr Gegenstand der Untersuchung sein. Eine ausführliche Analyse dazu findet sich vor allem in den Untersuchungen von Franz Vollmer[38] und Christian Wilsdorf[39].

Ein bedeutender Nachfahre der Familie war Hugo von Tours, dessen Verwandtschaft mit den Etichonen in den Quellen folgendermaßen erwähnt wird: ... *in coniugium filiam Hugi comitis, qui erat de stirpe cuiusdam ducis nomine Ethi*...[40]. Sein Aufstieg begann am Hof Karls des Großen, unter dessen Nachfolger Ludwig dem Frommen zählte er bereits zu den Mächtigsten des Reiches. Der Höhepunkt seiner Kariere war die Heirat seiner Tochter Irmgard mit Ludwigs Sohn Lothar I., wodurch er zum Schwiegervater des Kaisers wurde[41]. Er wuchs weit über die Machtposition seiner Vorfahren hinaus, denn sein Handeln konzentrierte sich nicht mehr allein auf das Elsass.

Unter seinem Sohn Luitfried gehörten weitere Nachkommen der Etichonen, die Luitfriede, zu den stärksten Kräften im Elsass. Hinzu

---

[37] Büttner, Heinrich: Gesichte des Elsass S. 108. Vgl. auch Vollmer, Franz: Die Etichonen. S. 138.
[38] Vollmer, Franz: Die Etichonen. S. 163-183.
[39] Wilsdorf, Christian: Les Etichonides au temps carolingiens et ottoniens. S. 1-33.
[40] Thegani Vita Hludovici imperatoris, hg. von Georg Heinrich Pertz (=MGH, Scriptores Rerum Merovingicarum, II). Erstdruck Hannover 1829. Unveränderter Nachdruck Leipzig 1925. S. 579.
[41] Ebd. S. 626.

kommt eine weitere Linie der sogenannten Eberharde, deren genaue Beziehung zum Etichonenhaus nicht mehr nachzuvollziehen ist[42]. Aus ihnen gingen später die Grafen von Egisheim-Dagsburg hervor, die das Land beherrschten. Möglicherweise lässt sich von den Etichonen auch eine Beziehung zu den späteren Habsburgern herstellen[43]. Die Familie der Etichonen war also kein unbedeutendes Geschlecht, das nach der Auflösung des Herzogsamtes wieder verschwand, sie hatten im Elsass vielmehr soviel Einfluss gewonnen, dass sich ihre Spuren noch weit verfolgen lassen.

---

[42] Vollmer, Franz: Die Etichonen. S. 177.
[43] Ebd. S. 179.

2. Politische und religiös-soziale Aspekte der Klostergründungen im Frühmittelalter

Die Klöster spielen im Frühmittelalter auf beinahe allen Gebieten eine zentrale Rolle. Durch die Gründung eines Klosters ergab sich für viele Adelige die Möglichkeit, daran teilzuhaben. In diesem Kapitel soll gezeigt werden, welche vielfältigen Motivationen zu Klostergründungen Adligen gegeben waren. Anschließend ist zu prüfen, inwieweit diese Vorteile auch für die etichonischen Klostergründungen zutrafen.

2.1. Politische und wirtschaftliche Aspekte von Klostergründungen

Für das Interesse an Klostergründungen zur Zeit der Merowinger und frühen Karolinger spielen mehrere Faktoren eine Rolle. Ein Grund war der politische und militärische Einfluss, den der Stifter auf das Kloster ausübte. Da die Kirche insgesamt noch nicht fest in einem Verband organisiert war, gab es Freiräume für Adlige, eigene Kirchen oder eigene Klöster zu bauen, die dem Stifter dann immer verbunden blieben. Zwar konnte ein solches Kloster durch Immunitätsprivilegien eine gewisse Unabhängigkeit erlangen, die Beziehung zum Stifter blieb aber meist z.B. durch weitere Güterschenkungen eng. Eine derartige Stiftung war oft auch frei von der Verfügungsgewalt des jeweiligen Diözesanbischofs. Häufig übte der Gründer ebenso Einfluss auf die Wahl des Abtes aus, auch wenn von königlicher Seite das Recht auf freie Abtwahl zugesichert war[44]. Der Einfluss eines Stifters auf sein Kloster war folglich enorm.

---

[44] Schulte, Aloys: Der Adel und die deutsche Kirche im Mittelalter. Studie zur Sozial-, Rechts- und Kirchengeschichte. 3. Aufl. Darmstadt 1958. S. 215.

Große Klöster galten genauso als wichtigste Stätten der Bildung, Erziehung und Kunstausübung. Sie bildeten durch Musik und Schreibschulen sowie durch ihre Kunsthandwerker einen kulturellen Schwerpunkt.[45] Ein Stifter konnte, wenn er die Kunst förderte, am möglichen Ruhm des Klosters teilhaben.

Militärisch war ein Monasterium seinem Gründer insofern hilfreich, als bei der Errichtung der Ort nach strategischen Verteidigungs- oder Rückzugspunkten gewählt wurde. Die Ausstattung mit hohen Mauern verstärkte den Festungscharakter[46]. Daher ist es nicht verwunderlich, dass solche Bauwerke häufig am Rand eines Herrschaftsgebietes errichtet wurden. Somit konnte das Kloster unmittelbar als militärische Basis genutzt werden.

Aber auch vom wirtschaftlichen Standpunkt her schien die Errichtung eines Klosters interessant. Dieses wurde nämlich häufig sachrechtlich als ein zur Familie gehöriges Vermögensobjekt aufgefasst, dessen Besitz weitervererbt wurde[47]. Dabei erstreckte sich die Herrschaft nicht nur auf das Kloster selbst, sondern auch auf alle dazugehörigen Güter und Einkünfte. Die Abgabe des Zehnten machte es darüber hinaus zu einer rentablen Kapitalanlage.

Wie bereits erwähnt, war für die Gründung eines Klosters sein Standort wichtig. So wurden solche Einrichtungen vornehmlich in unerschlossenen Gegenden gefördert, zum Teil auch an großen Handelsrouten und Pässen. Die Mönche übernahmen die Kultivierung des Landes, das heißt, sie rodeten große Waldflächen und machten sie landwirtschaftlich nutzbar, restaurierten außerdem alte Straßen und bauten neue aus. Diese Faktoren machten die Errich-

---

[45] Prinz, Friedrich: Frühes Mönchtum in Südwestdeutschland und die Anfänge der Reichenau. In: Ders. (Hrsg.): Mönchtum und Gesellschaft im Frühmittelalter. Darmstadt 1976. (=Wege der Forschung 312). S. 153.
[46] Parisse, Michel: Artikel Kloster, Geschichte. In: Lex Ma. Bd. 5. München 1991. Sp. 1219.
[47] Schieffer, Rudolf: Artikel Eigenkirche, -nwesen. In: Lex Ma. Bd. 3. München 1986. Sp. 1705.

tung eines Klosters für den Besitzer wirtschaftlich rentabel und stärkten seinen politischen Einfluss in der Region.

Betrachtet man alle hier vorgestellten wirtschaftlichen, politischen und sozialen Vorteile, die sich durch die Errichtung eines Klosters ergeben, so ist es verständlich, dass sich zwischen der Mitte des siebten und der Mitte des achten Jahrhunderts die Zahl der Gründungen erheblich vermehrte[48]. Auch Eticho und die ihm vorangegangenen Herzöge Gundoin und Bonifatius machten sich diese Vorteile zu nutze, wie die Erörterung der Gründungen von Münstergranfelden und Münster im Gregoriental bereits zeigte. Wie sehr diese Aspekte die Klostergründungen der Etichonen beeinflussten, soll im folgenden an den einzelnen Monasterien überprüft werden.

Doch gleichberechtigt neben den weltlichen Gründen standen auch immer die christlich-religiösen Vorstellungen der Menschen des Mittelalters, die zunächst betrachtet werden müssen.

2.2. Der religiös-soziale Hintergrund der Klostergründungen

2.2.1. Die Heiligenverehrung

Die Religion bildete im Leben der mittelalterlichen Menschen einen zentralen Punkt. Verknüpft mit der Vorstellung des göttlichen Heils, stellte sie außerdem einen wichtigen politischen Aspekt dar. Waren es bis zur Taufe Chlodwigs die alten germanischen Gottheiten, von deren Wohlgesinntheit das Heil der Herrscherfamilie und des Adels abhing, so lösten sich diese Traditionen mit dem Christentum immer mehr auf. Um den Führungsanspruch und das Ansehen einer Familie zu untermauern, trat an diese Stelle nun eine neue Förderung der christlichen Kirchen und Klöster. Dies war jedoch kein gezielter Prozess, sondern ein unbewusster Akt der Selbst-

---

[48] Schieffer, Rudolf: Artikel Eigenkirche, -nwesen. In: Lex Ma. Bd. 3. München 1986. Sp. 1705.

etablierung[49]. Klöster wurden somit zu Zentren des kultischen Lebens ausgebaut. Von ihnen ausgehend, erfolgte die notwendige Missionierung der Bevölkerung. Ein großes Kloster konnte gleichzeitig ein Vorratszentrum mit Krankenhaus und Armenversorgung sein, es bildete teilweise eine soziale Armenfürsorge aus[50]. Diese verstärkte auch im religiösen Sinn das Ansehen eines Stifters und Wohltäters, denn das Dankesgebet eines Armen für den Wohltäter oder Stifter galt mehr als das eines Reichen als etwas besonderes, da Jesus den Armen großes Ansehen entgegenbrachte. So heißt es in der Bibel: *Selig, die arm sind vor Gott, denn ihnen gehört das Himmelreich*[51].

Um das Ansehen eines Klosters darüber hinaus zu steigern, wurde dieses oft mit, wie man sich erhoffte, „wirkkräftigen" Reliquien von Heiligen oder Märtyrern ausgestattet. Da die Etichonen auf diese Weise ihre Klöster beschenkten, soll an diesem Punkt der Frage nachgegangen werden, warum gerade den Heiligen so große Bedeutung zukam. In diesem Zusammenhang hat vor allem die Vitenschreibung eine große Bedeutung.

Der Heiligenkult und Heilige allgemein haben zwar in der Bibel kein besonderes Vorbild, dennoch nahmen sie im Mittelalter im Glauben der Menschen einen bedeutenden Platz ein. So beschreibt eine Vorstellung zum Beispiel, dass der Heilige in seiner Seelenform sich im Himmel in der Nähe Gottes befindet und alle Freuden des Paradieses genießt. Er kann aber auch jederzeit auf der Erde in seiner irdischen Hülle erscheinen und dort Wunder bewirken[52]. Er ist zwar mit seiner Seele ständig im Himmel, aber gleichzeitig durch seine Reliquien anwesend. Eine solche besondere Stellung

---

[49] Prinz, Friedrich: Heiligenkult und Adelsherrschaft im Spiegel merowingischer Hagiographie. In: HZ 204 (1967). S. 538.

[50] Ders.: Frühes Mönchtum in Südwestdeutschland und die Anfänge der Reichenau. S. 154.

[51] Matthäus 5,3.

[52] Graus, Frantisek: Volk, Herrscher und Heiliger im Reich der Merowinger. Studien zur Hagiographie der Merowingerzeit. Prag 1965. S. 178.

macht ihn zum Vermittler zwischen den Menschen und Gott und verleiht ihm durch seine Wunder noch zusätzliche Wirkung. Besaß ein Kloster einen Heiligenleib, wurde es zum Ausgangspunkt einer kultischen Verehrung und durch die Wunder zu einer Stätte des allgemeinen Heils, das wiederum auf den Gründer und seine Familie zurückfiel[53]. Somit erhielt die Familie durch den Heiligenkult eine Möglichkeit, ihr Ansehen zu steigern, die Religion wurde demnach auch zum politischen Mittel.

Unter den Merowingern änderte sich das Bild der Heiligen in Bezug auf ihr irdisches Leben. Der neuaufkommende Heiligentypus kam aus den adeligen Familien. In den Lebensbeschreibungen der Heiligen zuvor war von einem völligen Abgewandtsein von der Welt und einem Leben unter primitivsten Bedingungen die Rede, die Heiligen waren meist Eremiten und Klausner[54]. Der merowingische Heilige entstammte dagegen fast durchweg einer höheren Gesellschaftsschicht und war immer noch Repräsentant seiner Familie und Umgebung. Er hatte sich trotz des Lebens unter strengen Bedingungen nicht ganz von der Familie abgewandt. In diesem Phänomen spiegelt sich der Versuch der Adligen wider, durch heilige Familienangehörige ihre Führungsposition auf christliche Weise zu verankern und zu stärken[55]. War ein Familienangehöriger heilig, so verband sich mit diesem immer die eigene Sippe. Die Wirkkraft und das Ansehen des Heiligen fielen, auf die eigene Familie zurück[56].

Für die Etichonen trafen diese Handlungseisen ebenso zu. Sie legten größten Wert auf ihre Verwandtschaft mit dem Heiligen Leodegar und sahen sich selbst als *stirps eius [Leodegarii] emersi*[57]. Die Familie schaffte es, eigene Heilige hervorzubringen. Zwar lässt sich

---

[53] Prinz, Friedrich: Heiligenkult und Adelsherrschaft im Spiegel merowingischer Hagiographie. S. 541.
[54] Ebd.: S. 532.
[55] Prinz, Friedrich: Heiligenkult und Adelsherrschaft im Spiegel merowingischer Hagiographie. S. 538.
[56] Ebd.: S. 536.
[57] Prinz, Friedrich: Frühes Mönchtum im Frankenreich. S. 499.

ihre Verehrung erst einige Jahrhunderte später belegen, sie ist trotzdem ein Ausdruck für das gewachsene Ansehen der Familie. Die bedeutendste in der Familie war Odilia, die Tochter des Grafen Eticho. Sie stieg zur Patronin des gesamten Elsass auf und bewirkte die Heiligenverehrung einer ganzen Reihe ihrer Angehörigen[58]. Ihre Wirkungsstätte war das von ihrem Vater eingerichtete Kloster Hohenburg, dessen Gründung später genauer untersucht werden soll. Auch die Tochter Adalberts, Attala, wurde als Heilige von St. Stephan verehrt. Darüber hinaus wurden Eticho selbst mit seiner Frau und deren Sohn Adalbert mit seinen beiden Gemahlinnen zumindest regional verehrt. Die Etichonen steigerten ihr Ansehen durch Klostergründungen und die Schaffung eigener Hausheiliger.

2.2.2. Klostergründungen als „Vorsorge" für das Jenseits

Neben dem Ansehen unter den Lebenden war die Vorsorge für das Leben nach dem Tod besonders wichtig. Dabei bildete die Erinnerung an eine Person, die Memoria, vor allem durch Gebet eine zentrale Rolle. Nach christlicher Vorstellung sammelt jeder Mensch in seinem Leben zahlreiche Sünden an, für die er später im Jenseits büßen muss. Man glaubte, dass die Strafen einem Sünder erleichtert oder sogar erlassen würden durch die Fürbitten anderer[59]. Diese Erkenntnis zogen die Menschen aus Visionen, die beliebt und verbreitet waren. Als Vorbild dienten biblische Traditionen wie etwa die Offenbarung des Johannes und der alttestamentliche Brauch des Opferns für Gefallene[60]. Die Menschen betrachteten die Visionen als einen authentischen Bericht über den Zustand der Verstorbenen

---

[58] Graus, Frantisek: Sozialgeschichtliche Aspekte der Hagiographie der Merowinger- und Karolingerzeit. Die Viten der Heiligen des südalemannischen Raumes und die sogenannten Adelsheiligen. In: Borst, Arno (Hrsg.): Mönchtum und Episkopat zur Gründungszeit des Klosters Reichenau. Sigmaringen 1974. (=Vorträge und Forschungen 20) S. 145.

[59] Neiske, Franz: Vision und Totengedenken In: Frühmittelalterliche Studien 20 (1986). S. 147.

[60] 2 Makabäer 12, 38-45.

im Jenseits[61]. Daher wurde die Vorsorge für Gebetsleistungen sehr ernst genommen.

Um den Sünder zu erlösen, waren jedoch die Gebete der Verwandten nicht ausreichend, diese mussten „heilsmäßige" Personen übernehmen, also beispielsweise Kleriker, die ihr Leben voll und ganz dem Christentum widmeten und daher in Gottes Augen wohlgefälliger erschienen[62]. Richtete ein Adeliger ein Kloster ein, so verbanden sich damit die Fürbitten für ihn und seine Familie zu Lebzeiten und über den Tod hinaus. Diese Absicht wurde oft durch zahlreiche Schenkungen weiter untermauert. So taucht in vielen Urkunden häufig der Ausdruck *pro remedio animae*, für das Seelenheil, auf[63].

Zusätzlich dienten Klöster als Grablegen, die Familie erhielt damit einen besonderen Bestattungsort, an dem ihr Andenken z.B. durch Grabmonumente wie etwa Steinsarkophage oder Statuen aufrecht erhalten wurde.

Um sich bei Gott Gehör zu verschaffen, dienten Heilige mit ihrer Sonderstellung zwischen den Lebenden und den Toten und ihrer besonderen Verbindung zu Gott als Totenhelfer[64]. Vor allem Heilige aus der eigenen Familie wurden bevorzugt mit einer solchen Funktion in Verbindung gebracht. Gerade die Vorstellung, dass fromme Kinder das Seelenheil ihrer Eltern garantieren könnten, war weit verbreitet[65]. Bei den Etichonen findet sich dieses Motiv in der Vita der heiligen Odilia, in der sie ihren Vater durch Fürbitten aus dem Fegefeuer rettete[66].

---

[61] Neiske, Franz: Vision und Totengedenken. S. 152.
[62] Ebd. S. 138.
[63] Ebner, Albert: Die klösterlichen Gebetsverbrüderungen bis zum Ausgang des karolingischen Zeitalters. Regensburg 1890. S. 22.
[64] Graus, Frantisek: Volk, Herrscher und Heiliger im Reich der Merowinger. S. 194 f.
[65] Ders.: Sozialgeschichtliche Aspekte der Hagiographie der Merowinger- und Karolingerzeit. S. 172.
[66] Vita Odiliae abbatissae Hohenburgensis, hg. von Wilhel Levison. S. 44.

Die Erinnerung und Fürbitte fanden im Kloster innerhalb liturgischer Prozesse statt, indem die betreffenden Personen vom Klosterkonvent in die Gebete und Messopfer mit eingeschlossen wurden. Dabei umfasste das Gedenken in der Regel die Gründer, Vorsteher und die Mitglieder einer Gemeinschaft[67]. In diesem Kontext entwickelte sich innerhalb des Bereichs des Gedenkens eine schriftliche Tradition. Damit die gewünschten Namen bei der Messe nicht vergessen wurden, trugen die Mönche diese in ein sogenanntes Diptychon ein, das sich auf dem Altar befand und aus dem an der entsprechenden Stelle die Namen einzeln vorgelesen wurden. Es handelte sich hierbei um Klapptafeln aus Holz oder Metall, die mit Wachs beschichtet waren. Darin konnten Namen eingeritzt und nach dem liturgischen Gebrauch wieder entfernt werden. Die Menschen lehnten sich an die Vorstellung des „Buchs des Lebens" an, das Gott im Himmel führte[68]. Die bewusste Streichung aus dem Diptychon hatte gleichzeitig auch eine Streichung aus dem Buch des Lebens zur Folge.

Das Gedenken nahm mit der Zeit immer größere Formen an. So entstanden Ende des siebten, Anfang des achten Jahrhunderts die Gebetsverbrüderungen zwischen den Klöstern[69]. Diese schlossen Verträge zur gegenseitigen Gebetshilfe für die Brüder ihres Konvents ab. Eine Vorform waren die Totenbünde, die frühesten wur-

---

[67] Schmid, Karl; Oexle, Otto, Gerhard: Voraussetzungen und Wirkungen des Gebetsbundes von Attigny. In: Francia 2 (1974). S. 72.

[68] Koep, Leo: Das Himmlische Buch in Antike und Christentum. Eine religionsgeschichtliche Untersuchung zur altchristlichen Bildersprache. Bonn 1952. (=Theophaneia, Beiträge zur Religions- und Kirchengeschichte des Altertums 8) S. 115. Vgl. auch Schmidt, Karl/Wollasch, Joachim: Societas et frateritas. Begründung eines kommentierten Quellenwerkes zur Erforschung der Personen und Personengruppen des Mittelalters. In: Frühmittelalterliche Studien 9 (1975). S. 6.

[69] Ebner, Albert: Die klösterlichen Gebetsverbrüderungen bis zum Ausgang des karolingischen Zeitalters. S. 31.

den auf der Synode von Attigny und Dingolfingen geschlossen[70]. Die Bischöfe und Äbte entwarfen genaue Verträge, die regelten, welche Gebete für ein Mitglied der Teilnehmer und deren Konvente zu erbringen waren im Falle des Todes. Welche bedeutenden Ausmaße diese Bewegung annahm, kann innerhalb dieses Themas nicht näher geschildert werden. Hier sollen lediglich die wichtigsten Aspekte, die die Klostergründungen betreffen, angeführt werden.

Die Namen sowohl lebender als auch verstorbener Personen trugen Schreiber zum Zweck des Gebetsgedenkens in Verbrüderungsbücher ein. Die Formen der Einträge variieren, es finden sich sowohl ganze Konvente, Gruppen, aber auch einzeln stehende Personen wieder. Die Bücher enthielten keinen abgeschlossenen Inhalt, sondern es wurden immer wieder Gruppen fortgesetzt und weitere Namen ergänzt[71]. Die Verbrüderungsbücher entstanden wie die Diptychen in Anlehnung an Gottes „Buch des Lebens". Aufgrund der Namenmassen konnten die Namen während der Messen nicht mehr einzeln vorgelesen werden. Deshalb wurde aller der im Verbrüderungsbuch Verzeichneten gemeinsam gedacht. Das vorherige persönliche Gedenken wurde so zu einem pauschalen geändert[72]. Später kam eine weitere Form hinzu, die schließlich die Verbrüderungsbücher ablöste, die der Necrologien. Diese Bücher besaßen eine kalendarische Aufteilung, weshalb die Namen entsprechend dem Todestag aufgeteilt waren[73]. Dadurch wurde das Gedenken intensiviert.

---

[70] Concilium Attiniacense, hg. von Albert Werminghoff (MGH=Concilia aevi Karolini I,I). Erstdruck Hannover 1906. Unveränderter Nachdruck: Hannover 1979. S. 72-73; Ebd. Concilium Dingolfingense. S. 93-97.

[71] Schmid, Karl: Zum Quellenwert der Verbrüderungsbücher von St. Gallen und Reichenau. (=Deutsches Archiv für Erforschung des Mittelalters 41) S. 348.

[72] Schmid, Karl; Wollasch, Joachim: Societas et Fraternitas. S. 34.

[73] Angenendt, Arnold: Monarchi Peregrini. Studien zu Pirmin und den monastischen Vorstellungen des frühen Mittelalters. München 1972. (=Münstersche Mittelalter-Schriften 6) S. 75.

In den Verbrüderungsbüchern befanden sich auch die Namen der Gründer und Wohltäter. Darüber hinaus eröffnete sich dem Menschen die Möglichkeit, durch Geschenke an ein Kloster in dieses Buch aufgenommen zu werden[74]. Wenn die Erbauer und Wohltäter eines Klosters nicht mehr lebten, konnten sie auf diese Weise noch im Jenseits von ihrer Wohltätigkeit profitieren, da der Konvent ihrer gedachte.

Die Verbrüderungsbücher können der Forschung weitere Informationen zu den jeweiligen Klöstern liefern, wie z. B. Aussagen über die Größe eines Konventes machen, oder sie geben darüber Auskunft, wie weit die Beziehungen eines Klosters zu einem bestimmten Zeitpunkt reichten. Sie eröffnen teilweise Aspekte zu den Biographien der Bischöfe und Äbte sowie zu den Familien, die im Zusammenhang mit einem Kloster stehen[75]. Zusammengenommen mit den Urkunden können sie Angaben zu der Entstehung und Entwicklung eines Klosters machen. Sie untermauern außerdem die Aussagen der Urkunden und können gerade in urkundenarmen Perioden neue Aspekte hinzuliefern.

In Bezug auf die Etichonen sind diese Formen der Memoria interessant, da auch die Klöster Murbach, Ebersheimmünster und St. Stephan in Straßburg Gebetsverbrüderungen eingingen. Im folgenden wird sich zeigen, welche Informationen sich aus den Verbrüderungsbüchern über die Gründer, die Größe und den Einfluss der etichonischen Klostergründungen entnehmen lassen.

---

[74] Koep, Leo: Das Himmlische Buch in Antike und Christentum. S. 116.
[75] Tellenbach, Gerd: Liturgische Gedenkbücher als historische Quellen. Erstdruck: Mélanges Eugène Tisserant T.5. Studi e Testi, Vol. 235. Città del Vaticano: Bibliotheca Apostolica Vaticana 1964. Jetzt in: Tellenbach, Gerd (Hrsg.): Ausgewählte Abhandlungen und Aufsätze. Bd. 2. Stuttgart 1988. S. 430.

3. Die Gründung Hohenburgs und Niedermünsters

3.1. Die ersten Klostergründungen der Etichonen im Elsass

Die erste Gründung der Etichonen erfolgte nach der Vita Odiliae[76] unter Eticho selbst für seine Tochter auf dem später nach ihr benannten Odilienberg im heutigen Kreis Molsheim, Département Bas-Rhin[77]. Für die Gründung Hohenburgs kann kein genaues Datum angegeben werden, denn die Gründungsurkunde ging verloren. Als oberste belegbare Zeitgrenze gilt eine Schenkungsurkunde, nach der im Jahr 783 eine gewisse *Odsindis* dem Kloster für ihr Seelenheil zwei Weinberge in Sigolsheim mit einem Haus und einem Hörigen vermachte[78]. Die eigentliche Gründung wird aber für die letzte Hälfte des siebten Jahrhunderts[79] oder zu Beginn des achten Jahrhunderts[80] angenommen. In den Resten einer Befestigungsanlage, *Hohenburc* genannt, von der der Ort seinen Namen erhielt, wurden wahrscheinlich zunächst eine Kirche und Konventsgebäude für Mönche eingerichtet. Die Überreste einer Festungsanlage deutet zum Beispiel die heutige Engelskapelle mit einer quadratischen Grundform an, die eher auf eine frühere nicht kirchliche Verwendung hinweist, sondern vielmehr auf die Benutzung als Wachturm, zumal sie sich auch auf einem Felsvorsprung befindet[81]. Demnach wurde Hohenburg an einem wichtigen strategischen Aussichtspunkt errichtet, besaß also wahrscheinlich auch eine Verteidi-

---

[76] Vita Odiliae abbatissae Hohenburgensis, hg. von Wilhelm Levison. S. 37.
[77] Die genaue Lage aller etichonischen Klöster kann der Karte im Anhang auf S. 111 entnommen werden.
[78] Regesta Alsatiae, hg. von Albert Bruckner: S. 189. Nr. 302.
[79] Bornert, René: Artikel Odilienberg. In: Lex Ma. Bd. 6 München 1993. Sp. 1350.
[80] Prinz, Friedrich: Frühes Mönchtum im Frankenreich. Kultur und Gesellschaft in Gallien, den Rheinlanden und Bayern am Beispiel der monastischen Entwicklung (4. bis 6. Jahrhundert). 2. Aufl. München 1988. S. 224.
[81] Burg. André Marcel: Artikel Odilienberg. In: Archives de l' église d' Alsace (Archiv für elsässische Kirchengeschichte) 28 (1961). S. 1014.

gungsfunktion. So ist es nachvollziehbar, dass der Platz zugleich als Wohnsitz Etichos vermutet wird[82]. Unter Etichos Tochter Odilia nahm dann ein Frauenkonvent den größten Platz ein, abgesehen davon bestand wahrscheinlich nur noch ein kleines Mönchskloster.

Genauere Details über die Gründung liefert nur die Odilienvita[83]. Diese ist entweder am Ende des 9. Jahrhunderts oder zu Beginn des zehnten Jahrhunderts geschrieben worden. Als frühestes Gründungsdatum wird etwa 816 genannt, spätestens das Jahr 917 vor den Ungarneinfällen[84]. Der Name des Verfassers ist unbekannt. Die Aussagen der Vita sind wie alle hagiographischen Schriften kritisch zu betrachten, da auch dort viele legendäre Elemente mit eingewebt wurden. Dennoch bleiben die Angaben über die Familie und das Kloster besonders wichtig, da es keine Quellen gibt, die diese widerlegen[85].

Nach der Legende wurde die Tochter Etichos blind geboren. Darin sah der Vater wohl eine göttliche Bestrafung für ein Vergehen und wollte deshalb die Tochter loswerden. Hierbei verwendete der Autor ein bekanntes Aussetzungsmotiv[86]. Vermutlich griff der Legendenschreiber auf eine bereits bekannte Vita der heiligen Salaberga, der Gründerin des Johanneskloster in Laon, zurück, der die Odilenvita in den Grundzügen folgt[87]. Die Anspielung auf eine göttliche Strafe lässt sich mit einiger Sicherheit auf die bereits oben geschil-

---

[82] Büttner, Heinrich: Geschichte des Elsass Bd. 1. S. 77.
[83] Vita Odiliae abbatissae Hohenburgensis, hg. von Wilhelm Levison S. 24-50.
[84] Barth, Medart: Die Heilige Odilia Schutzherrin des Elsass. Ihr Kult in Volk und Kirche. Bd. 1. Straßburg 1938. S. 52.
[85] Vollmer, Franz: Die Etichonen. S. 157.
[86] Graus, Frantisek: Volk, Herrscher und Heiliger im Reich der Merowinger. S. 245.
[87] Vita Salaberga abbatissae Laudunensis hg. von Brundo Krusch (MGH=Scriptorum rerum Merovingicarum, passiones vitaeque sanctorum aevi merivingici, V). Erstdruck Hannover 1910. Unveränderter Nachdruck Hannover 1979. S. 40-66.

derten Taten Etichos bei seinem Einzug ins Elsass beziehen, denn immerhin wurde dabei der bekannte Abt Germanus getötet.

Die Vita berichtet weiter, dass die Mutter Odilias, Berswinda, das Kind heimlich bei einer Amme aufziehen ließ und es später in ein Kloster namens *Balma* gebracht wurde. Dort erhielt Odilia bei der Taufe durch den bayrischen Missionsbischof Erhard auf wundersame Weise ihr Augenlicht wieder. Daraus resultiert ihr späteres Patrozinium für Augen-, Ohren- und Kopfkrankheiten. Ihr Bruder sorgte dafür, dass sie zurück in die Familie gebracht wurde, aber der Vater nahm sie dennoch nicht auf. Es kam zum Streit, und der Bruder wurde erschlagen. Auch an dieser Stelle wird Eticho grausam dargestellt. Erst nach langer Zeit zeigte der Vater Reue und richtete seiner Tochter zusammen mit seiner Frau Berswinda das Kloster Hohenburg ein.

Vieles davon erscheint legendenhaft. Wahrscheinlich erhielt Odilia wirklich im Kloster Baume-les Dames in der Diözese Besançon ihre erste Ausbildung[88]. Allgemein nimmt man nicht an, dass die Gründung Hohenburgs auf eine Einflussnahme Odilias zurückgeht, es kann jedoch möglich gewesen sein. Nach außen hin tritt in den Urkunden stets Eticho als eigentlicher Stifter auf.

Neben Hohenburg richtete Odilia ein weiteres Kloster ein, Niedermünster[89]. Dazu heißt es in der Vita, dass es für Arme und Kranke zu schwer gewesen sei, auf den Berg hinaufzukommen, daher habe Odilia am Abhang des Berges zunächst ein Spital errichtet, dann kam noch ein Kloster hinzu[90]. Patron des Klosters wurde zunächst der heilige Martin, der zugleich Volksheiliger der frühfränkischen Zeit und Hausheiliger der Merowinger war.

---

[88] Bieler, Ludwig: Artikel Odilia. In: Lexikon für Theologie und Kirche. Bd. 7. Freiburg 1959. Sp. 1096.
[89] Der Zeitpunkt ist nicht genau bekannt.
[90] Vita Odiliae abbatissae Hohenburgensis, hg. von Wilhelm Levison S. 44 f.

Im Jahr 816 wurden beide Klöster in Kanonissenstifte umgewandelt. 1546 kam es zur Aufhebung und schließlich zum Abriss von Niedermünster. Hohenburgs Aufhebung erfolgte nur zwei Jahre später. Die Klostergebäude blieben bestehen, kamen 1853 in den Besitz des Bistums Straßburg und wurden wieder als Frauenkloster genutzt[91].

3.2. Ausstattung und wirtschaftliche Bedeutung der beiden Klöster

Der älteste Besitz Hohenburgs zeigt exemplarisch den Umfang der Einfluss- und Besitzsphäre des Etichonenhauses. Hohenburg galt als der nördlichste Punkt des Herrschaftsbereichs der Etichonen[92]. Die Besitzungen verteilten sich aber über das ganze Elsass. Vereinzelt fand sich Besitz in Bootsheim, Sassenheim und Sundhausen sowie an der Ill in unmittelbarer Nähe der Ebersheimmünsterer Besitzungen. Ein weiterer Teil erstreckte sich von Avolsheim und Dorlisheim im Breuschgebiet bis nach Arlesheim im Birstal südlich von Basel[93]. Der Ort Arlesheim lag am Eingang der oben bereits erwähnten Birstalstraße, die zum Pierre Petuis Paß führte. Somit verfolgten die Etichonen eine Ausbreitung des Machtbereiches zum Jura hin. Damit verbunden stieg auch der kirchliche Einfluss des Straßburger Bischofs in der Region, denn spätestens zu Beginn des achten Jahrhunderts besaß die Bischofskirche südlich des Juras Eigenkirchen[94]. Herzogtum und die kirchliche Obrigkeit in Straßburg wirkten zusammen gegen die Ausbreitung des Bistums Basel.

---

[91] Burg, André Marcel: Artikel Odilienberg. In: Lexikon für Theologie und Kirchengeschichte. Bd. 7. Freiburg 1962. Sp. 1097.

[92] Prinz, Friedrich: Frühes Mönchtum im Frankenreich. S. 223.

[93] Germania Pontificia III, Regesta Pontificorum Romanorum, Provincia Maguntinensis, Dioeceses Strassburgensis, Spirensis, Wormatiensis, Wirciburgensis, Bambergensis, hg von Albert Brackmann. Erstdruck Berlin 1935. Neudruck Berlin 1960. S. 34. Nr. 1.

[94] Büttner, Heinrich: Die Entstehung der Konstanzer Diözesangrenzen. In: Ders. (Hrsg.): Frühmittelalterliches Christentum und fränkischer Staat zwischen Hochrhein und Alpen. 3. Auf. Darmstadt 1973. S. 75.

Es wird angenommen, dass das Kloster früher einen reichen Bestand an Schenkungsurkunden vorweisen konnte, die meisten gingen jedoch verloren, möglicherweise durch die zahlreichen Brände, denen die Gebäude immer wieder zum Opfer fielen[95]. Neben der erwähnten Schenkungsurkunde fällt in die Zeit der Etichonen eine weitere Urkunde von 723[96]. In dieser gibt die Äbtissin Eugenia ihre Zustimmung zu einer Grundbesitzübertragung des Herzogs Luitfried und des Grafen Eberhard an Honau. Neben Luitfried und Eberhard blieb damit auch eine Bestätigung der Existenz Eugenias, der Schwester Luitfrieds und Tochter des vorangegangen Herzogs Adalbert, erhalten.

In der Zeit des karolingischen Frankenreiches wurde Hohenburg unter Karl dem Großen Immunität verliehen, das Kloster gehörte damit nicht mehr zum allgemeinen Grafschaftsverband[97]. Die Urkunde Karls ist nicht mehr erhalten, das folgende Diplom Ludwigs des Frommen weist aber ausdrücklich darauf hin, denn im Jahr 837 kam es durch ihn zu einer Erneuerung der Immunität[98]. Im Teilungsvertrag von Meersen 870 wurde Hohenburg unter den Klöstern genannt, die an Ludwig den Deutschen fielen[99]. Auch er erneuerte die Immunität Hohenburgs. Es zeigt sich, dass, nachdem die Etichonen nicht mehr als Herzöge die Macht im Elsass besaßen, Hohenburg und Niedermünster im neunten Jahrhundert ganz unter dem Einfluss des karolingischen Königshauses standen.

Die Immunitätsbestätigung Ludwigs des Frommen verdient eine detailliertere Betrachtung, da sich daraus Angaben zu den Besitzungen Hohenburgs und Niedermünsters erschließen lassen. Vom 9. März 837 sind zwei Fassungen des Diploms erhalten geblieben.

---

[95] Büttner, Heinrich: Studien zur Geschichte des Stiftes Hohenburg im Elsass während des Hochmittelalters. In: ZGORh 91, NF 521 (1938). S. 105.
[96] Regesta Alsatiae, hg. von Albert Bruckner. S. 47 f. Nr. 103.
[97] Büttner, Heinrich: Studien zur Geschichte des Stiftes Hohenburg im Elsass während des Hochmittelalters. S. 105.
[98] Regesta Alsatiae, hg. von Albert Bruckner. S. 318. Nr. 504.
[99] Ebd. S. 357 f. Nr. 583.

Die erste Urkunde ist nur noch in einer Abschrift aus dem 12. Jahrhundert überliefert[100]. Sie beinhaltet nur die Bestätigung der Immunität, die Echtheit dieser Urkunde wird allgemein angenommen[101]. Dagegen hält die Forschung das zweite Diplom für eine Falsifikat aus dem zwölften Jahrhundert[102]. Als Hintergrund der Fälschung werden Besitzstreitigkeiten zwischen dem Mutterkloster Hohenburg und der Filiationsgründung Niedermünster angenommen. Der Zweck der Überarbeitung bestand in der Abweisung von Ansprüchen Niedermünsters gegenüber Hohenburg. Dies wollte der Fälscher dadurch erreichen, dass er für einige Besitzungen die Schenkungen bereits auf Herzog Etticho zurückführte, die Güter folglich bereits als alten Besitz Hohenburgs vor der Gründung Niedermünsters deklarierte. Geographisch gesehen, liegen die meisten der angegebenen Orte im Sundgau, weisen demnach auf eine Ausbreitung des Besitzes der Etichonen in den Süden hin. In den Fälschungen werden vor allem die Orte Ehenheim und Rosheim mit 15 weiteren Dörfern aufgezählt, in denen wahrscheinlich nur einzelne Güter lagen. Darüber hinaus befanden sich auch noch Besitzungen in der Nähe von Altkirch, Mühlhausen und Rufach. Die meisten aufgezählten Orte gehörten wohl tatsächlich zum alten Besitz des Klosters, doch vor allem der Besitz in Ehenheim und Rosheim war umstritten[103]. Dennoch zeigte die große Zahl der Besitzungen, welch wichtige Rolle Hohenburg als Hauskloster der Etichonen zukam und wie weit Eticho seine Macht ausbauen konnte. Deshalb wird auch nachvollziehbar, warum die Karolinger das Kloster unter ihren persönlichen Schutz nahmen.

---

[100] Ebd. S. 317. Nr. 503.
[101] Büttner, Heinrich: Studien zur Geschichte des Stiftes Hohenburg im Elsass während des Hochmittelalters S. 104. Vgl. auch Germania Pontificia III, hg. von Albert Brackmann. S. 34.
[102] Regesta Alsatiae, hg. von Albert Bruckner S. 318. Nr. 504.
[103] Büttner, Heinrich: Studien zur Geschichte des Stiftes Hohenburg im Elsass während des Hochmittelalters. S. 110.

Niedermünster, das Anfangs noch rechtlich an Hohenburg gebunden war, wies keinen großen Besitz auf. Die Güter des Klosters lagen am Fuß des Berges in Ehenheim und Rosheim sowie in den Dörfern der Umgebung. Dies waren genau die Gebiete, die in der Fälschung angesprochen wurden. Daher war der Streit mit Hohenburg für die Filiation seit der Unabhängigkeit vom Mutterkloster von großer Bedeutung. Diese wurde erst durch ein Diplom Heinrichs II. aus dem Jahr 1016 bestätigt[104]. Das Stift, das zu diesem Zeitpunkt schon unter der Verwaltung einer eigenen Äbtissin stand, erhielt erst durch dieses Immunitätsprivileg die Unabhängigkeit vom Mutterkloster. Das bedeutet, dass das Kloster seine Äbtissin und den Vogt ohne Bevormundung durch Hohenburg frei wählen durfte.

Zum Besitz Niedermünsters gehörte zusätzlich der Oberehnheimer Wald. Seine wirtschaftliche Ausbeutung blieb gering, denn dort wurde keine größere Rodungstätigkeit entfaltet[105]. Daher ist seine Bedeutung für die verwaltungmäßige Organisation des Elsass und Neuerschließung nicht sehr hoch einzuschätzen. Niedermünster kann insgesamt keine große Bedeutung für das Elsass zugesprochen werden.

3.3. Die religiöse Bedeutung Hohenburgs und Niedermünsters

Eine herausragende Rolle spielte das Kloster Hohenburg auch, weil es als Grablege Odilias, ihres Vaters Eticho und ihrer Mutter Berswinda diente. Die größte Verehrung in der Etichonenfamilie wurde Odilia zuteil. Durch ihr Grab entwickelte sich Hohenburg zu einem besonderen religiösen Anziehungspunkt, dessen Ansehen wiederum auf die Familie zurückstrahlte. Bereits im neunten Jahrhundert entwickelte sich Odilias Grab zu einer Pilgerstätte[106]. In späterer Zeit war sie sehr beliebt, so ließ z.B. Kaiser Karl IV. am

---

[104] Bornert, René: Artikel Odilienberg. Sp. 1351.
[105] Büttner, Heinrich: Geschichte des Elsass Bd. 1. S. 77.
[106] Barth, Medart: Die Heilige Odilia Schutzherrin des Elsass. S. 69.

4. Mai 1354 das Odiliengrab aufbrechen, um sich den vorderen Teil des rechten Arms schenken zu lassen[107].

Eticho und Berswinda wurden ebenfalls als Heilige verehrt, jedoch nur im regional begrenzten Raum von Hohenburg und Niedermünster. Bereits in der Ebersheimer Chronik wird das Grab Etichos und Berswindas in Hohenburg erwähnt[108]. Der Steinsarkophag, in dem sich vermutlich Eticho mit seiner Frau begraben ließ, hat die Form und Ornamentik der merowingischen Sarkophage und gehört der Zeit vor 1000, wahrscheinlich sogar der Zeit Etichos an[109]. Sowohl Eticho als auch Berswinda kam liturgische Verehrung zu. Der Todestag Etichos, angeblich der 20. Februar,[110] wurde mit sieben Seelenämtern gefeiert, und erst mit der Auflösung des Stifts 1548 ging dieser Brauch verloren[111]. Eticho hatte wie viele andere Stifter vor und nach ihm für Gebetshilfe im Jenseits vorgesorgt. Mit seinem Leben im Jenseits beschäftigen sich ebenso zahlreiche Darstellungen. Ein Odilienteppich stellt seinen Tod und die anschließende Befreiung aus dem Fegefeuer dar[112]. Neben der geistlichen Hilfe der Nonnen von Hohenburg wurde vor allem seiner Tochter die Errettung seiner Seele zugeschrieben. Die „Erhöhung" einer Familie durch einen Hausheiligen, in diesem Fall Odilia, trifft deshalb ebenso auf die Etichonen zu.

Im Jahr 1601 kam ein Reliquienstück Etichos an den Erzherzog Maximilian von Österreich[113]. Der Hintergrund dazu findtet sich in der oben beschriebenen möglichen Verwandtschaft der Habsburger

---

[107] Ebd. S. 21.
[108] Chronicon Ebersheimense, hg. von Ludwig Weiland. S. 428.
[109] Burg, André Marcel: Artikel Odilienberg. In: Archives de l' église d' Alsace. Sp. 1015.
[110] Claus, Joseph M. B.: Die Heiligen des Elsass in ihrem Leben, ihrer Darstellung, ihrer Verehrung und ihrer Darstellung in der Kunst. S. 36.
[111] Barth, Medart: Die Heilige Odilia Schutzherrin des Elsass. S. 27.
[112] Vgl. dazu die Photographien bei Claus, Joseph M. B.: Die Heiligen des Elsass in ihrem Leben, ihrer Darstellung, ihrer Verehrung und ihrer Darstellung in der Kunst. Tafel 25 und 26.
[113] Claus, Joseph M. B.: Die Heiligen des Elsass. S. 37.

mit den Etichonen[114]. Das Ansehen der Herzogsfamilie war folglich immer noch groß. Für die Verehrung Berswindas sind die Belege nicht so reichlich. Reliquien von ihr befanden sich im 12. Jahrhundert in Straßburg, gingen jedoch verloren[115].

Außerdem verehrte der Konvent in Hohenburg noch den heiligen Leodegar, weil er angeblich mit Beswinda verwandt war, und die heilige Eugenia, die Tochter des Herzogs Adalbert[116]. Sie wurde nach dem Tod von Odilia Äbtissin in Hohenburg. Nach ihrem eigenen Tod erhielt sie in direkter Nähe zu Odilias Grab einen Steinsarg, was als besondere Auszeichnung verstanden werden darf.[117] Damit wurde eine Verbindung der folgenden Etichonengeneration an die heiligen Vorfahren vollzogen.

Niedermünster kam eine geringere Bedeutung zu. Es ist lediglich bekannt, dass dort Hugo von Tours und seiner Frau gedacht wurde, weil sie als Wohltäter des Klosters aufgetreten waren[118]. Dies macht noch einmal seine Beziehung zu der Etichonenfamilie deutlich.

---

[114] Vollmer, Franz: Die Etichonen. S. 179.
[115] Claus, Joseph M. B.: Die Heiligen des Elsass in ihrem Leben, ihrer Darstellung, ihrer Verehrung und ihrer Darstellung in der Kunst. S. 46.
[116] Ebd. S. 45 u. 61 f.
[117] Barth, Medart: Die heilige Odilia Schutzherrin des Elsass. S. 43.
[118] Ebd. S. 21.

4. Die Gründung Ebers(heim)münsters

4.1. Klostergründung und Quellenproblematik Ebersheimmünsters

Die Gründung Ebersheimmünsters, das auch die lateinische Bezeichnung *Novientum* trug, wird für das Ende des siebten oder den Anfang des achten Jahrhunderts angesetzt[119]. Die Quellenlage zu den Anfängen Ebersheimmünsters ist sehr ungünstig. Nach den Berichten der Ebersheimer Chronik wurde das Kloster von Eticho und seiner Gemahlin Berswinda in der Nähe von Schlettstadt auf ihrem Eigengut zu Ehren des heiligen Mauritius errichtet[120]. Die Chronik ist nicht mehr im Original überliefert, denn 1870, während der Belagerung von Straßburg, wurden die Originalhandschriften, die sich in der Straßburger Stadtbibliothek befanden, vernichtet[121]. Die Angaben des ersten Teiles der Chronik, der erst zwischen 1155 und 1166 entstanden ist und über die Frühzeit der Etichonen berichtet, ist in Frage zu stellen, da gerade dieses Stück sehr legendenhaft ausgestaltet wurde. So baut die Chronik z. B. einen Familienstammbaum der Etichonen auf mit nicht belegbaren Verbindungen zu den vornehmsten Familien der Zeit[122]. Deshalb können Eticho und Berswinda als Gründer nicht eindeutig bestätigt werden.

Weiterhin gibt es eine Reihe von Urkunden, die die Forschung als gefälscht betrachtet[123]. Keine einzige Königs- oder Kaiserurkunde

---

[119] Barth, Medart; Die heilige Odilia. S. 35.
[120] Chronicon Ebersheimense, hg. von Ludwig Weiland S. 428.
[121] Wentzcke, Paul: Chronik und Urkundenfälschungen des Klosters Ebersheim. In: ZGORh 64 (1910). S. 36.
[122] Wentzcke, Paul: Chronik und Urkundenfälschungen des Klosters Ebersheim. S. 36.
[123] Siehe vor allem: Dopsch, Alfons: Die Ebersheimer Urkundenfälschungen und ein bisher unbeachtetes Dienstrecht aus dem 12. Jahrhundert. In: MIÖG 19 (1898). S. 577-614. Vgl. auch Wentzcke, Paul: Chronik und Urkundenfälschungen des Klosters Ebersheim und Kölzer, Theo: Merowin-

wurde echt belassen, lediglich der Grad der Fälschungen ist verschieden[124]. Hinzu kommt, dass nur noch wenige Stücke im Original erhalten sind, die meisten Angaben nur noch in schriftlichen Drucken vorliegen, was die Untersuchungen zusätzlich erschwert. Zu den Fälschungen gehören zwei Diplome Theuderichs III. aus der „angegebenen" Zeit um 673-690/691[125] und eine Urkunde Karls des Großen vom 7. März 770.[126] Ein Diplom Karlmanns vom 6. Mai des gleichen Jahres ist dagegen in seinem Hauptinhalt echt[127], während die Urkunde Karls eine komplette Neukonstruktion aus dem 12. Jahrhundert ist[128]. Darüber hinaus existiert eine Urkunde Karls des Großen von 810[129]. Diese wurde ebenfalls nur verändert erhalten. In ihr werden Eticho und Berswinda als Gründer genannt, die Angabe gilt als wahrscheinlich[130]. Auch in anderen Diplomen wurden offenbar einzelne Angaben von echten Vorlagen festgehalten, daher beruhen sie vermutlich auf wirklichen Urkunden.

Die Entstehung der Fälschungen fällt ins 12. Jahrhundert, dabei deuten die Inhalte darauf hin, dass die Urkunden möglicherweise gleichzeitig gefälscht wurden[131]. In diesen Zeitraum fallen Streitigkeiten zwischen Ebersheimmünster und dem Bischof von Straßburg sowie dem Kloster Hohenburg. Bereits in der zweiten Hälfte des

---

gerstudien II. Hannover 1996. (=Studien und Texte/Monumentae Historica 26) S. 18-23.

[124] Dopsch, Alfons: Die Ebersheimer Urkundenfälschungen und ein bisher unbeachtetes Dienstrecht aus dem 12. Jahrhundert. S. 577.
[125] Regesta Alsatiae, hg. von Albert Bruckner. S. 21 Nr. 59 und S. 22. Nr. 60.
[126] Ebd. S. 132. Nr. 217.
[127] Ebd. S. 133. Nr. 218.
[128] Burg, André Marcel: Artikel Ebermünster In: Archives de l' église d' Alsace (Archiv für elsässische Kirchengehichte) 27 (1960). Sp. 314.
[129] Regesta Alsatiae, hg. von Albert Bruckner. S. 259 Nr. 412.
[130] So z.B. in: Burg, André Marcel: Artikel Ebermünster In: Archives de l' église d' Alsace. Sp. 314. Vgl. auch Prinz, Friedrich: Frühes Mönchtum im Frankenreich. S. 223.
[131] Dopsch, Alfons: Die Ebersheimer Urkundenfälschungen und ein bisher unbeachtetes Dienstrecht aus dem 12. Jahrhundert. S. 580.

elften Jahrhunderts hatte das Kloster unter dem Bischof Wernher II. von Straßburg vielfache Beeinträchtigungen zu erleiden, die so weit gingen, dass das Kloster bis zum Beginn des 12. Jahrhunderts viel von seinem Besitz verloren hatte[132]. Wohl aus diesem Grund beschäftigten sich alle Fälschungen mit Besitzbestätigungen unter königlicher Immunität. Die Urkunden sollten eine Regelung der Besitzverhältnisse des Klosters schaffen und waren dabei natürlich auf die Sicherung der genannten Besitzungen und der Nutzungsrechte bedacht.

Die Karolinger versuchten deshalb, das Kloster, wie alle anderen Etichonengründungen, an sich zu binden; daher wurde Ebersheimmünster möglicherweise auch von König Pippin zwischen 751 und 768 die Immunität verliehen[133]. Das Kloster erlangte weiterhin keine große Bedeutung. Es erscheint in einer Liste Ludwigs des Frommen von 819, in der alle Königsklöster mit Benediktregel eingestuft wurden. Ebersheimmünster befand sich nur unter denen der untersten Leistungsklasse, die nur Gebetsdienste zu leisten hatten[134]. Während der französischen Revolution wurde die Abtei schließlich aufgehoben[135].

4.2. Möglicher Besitz und wirtschaftliche Bedeutung des Klosters

Die Ausstattung von Ebersheimmünster bestand aus einer Mischung von Herzogsgut und Kronland. Die Güter gingen größtenteils nach und nach an stärkere Institutionen, wie etwa den Bischof von Straßburg, verloren. Bedingt durch die zahlreichen Fälschun-

---

[132] Ebd. S. 94 f.
[133] Regesta Alsatiae, hg. von Albert Bruckner. S. 130. Nr. 213.
[134] Notitia de servitio monasteriorum 817, hg. von Alfred Boretius (MGH=Capitularia Regnum Francorum,I). Erstdruck Hannover 1883. Unveränderter Nachdruck Hannover 1984. S. 350-353.
[135] Burg, André: Artikel Ebersmünster. In: Lexikon für Theologie und Kirchengeschichte. Bd. 3. Freiburg 1959. Sp. 633.

gen ist eine genaue Übersicht des einstigen Besitzes nicht mehr möglich, dennoch werden in der Forschung viele Güter zum Ausstattungsbestand des Kloster gerechnet[136]. Daher soll in diesem Zusammenhang der mögliche Besitz des Klosters behandelt werden.

Alter Besitz verteilte sich möglicherweise über weite Gebiete des Ober- und Unterelsass. Darunter befanden sich Güter im Bereich zwischen Ill und Rhein. Auf der rechtsrheinischen Seite wurde der Ort Weisweil im nördlichen Vorland des Kaiserstuhls zu Ebersheimmünster gezählt. Außerdem scheint das Kloster Verbindungen zum südlichen Wormsgau unterhalten zu haben[137]. Wahrscheinlich hatte Ebersheimmünster ebenso eine reiche Ausstattung um den Ort Sulz herum am Rand der Vogesen. Dort befanden sich Forstbezirke am Belchen und bei Metzeral-Mühlbach. Dies würde in den Rahmen einer solchen Klostergründung passen, denn damit wäre Ebersheimmünster zur Erschließung der Vogesen bestimmt gewesen. Die Etichonen hatten sich somit in die weitere Erschließung des Vogesenraumes eingeschaltet, die mit der Gründung des Herzogs Bonifatius von Münster im Gregoriental ihren Anfang genommen hatte[138]. Ebersheimmünster verfolgte damit einen weiteren Machtausbau der Etichonen sowohl im politischen, aber vor allem auch wirtschaftlichen Bereich.

4.3. Religiöse Bedeutung und Verbindung mit Hohenburg

Zwischen den beiden Gründungen Etichos, Hohenburg und Ebersheimmünster, bestand in der Frühzeit eine enge Verbindung. Die Mönche aus Ebersheimmünster erbrachten wahrscheinlich einen Teil des Gottesdienstes in Hohenburg[139]. Darüber hinaus erhielt

---

[136] Büttner, Heinrich: Geschichte des Elsass. Bd. 1. S. 78f.
[137] Staab, Franz: Untersuchungen zur Gesellschaft am Mittelrhein in der Karolingerzeit. Wiesbaden 1975. S. 288.
[138] Büttner, Heinrich: Geschichte des Elsass. Bd. 1. S. 79.
[139] Ders.: Studien zur Geschichte des Stiftes Hohenburg im Elsass während des Hochmittelalters. S. 112.

Ebersheimmünster einen Teil der Reliquien Etichos, die in einem Holzbild aufbewahrt wurden[140].

In dem Monasterium wurde der heiligen Odilia eine hohe Verehrung zuteil. Diese ging allerdings nicht auf Reliquien zurück, denn solche waren dort nicht vorhanden[141]. Unter anderem hielt der Konvent jährlich eine Gedächtnisfeier für sie ab, der unmittelbar eine Erinnerung an die Stifter folgte[142]. Auch in diesem Kloster hatten sich die Etichonen als Stifter eine besondere Vorsorge für das Jenseits gesichert und wurden zudem noch zusammen mit ihrer heiligen Tochter geehrt.

Ein weiteres Zeugnis für die Verehrung Odilias in Ebersheimmünster ist ein Heiligenkalendar mit dem Titel *Matryrologium ecclesiae germanicae*[143], der zum Kloster gehörte und etwa um 1000 angelegt wurde[144]. Darin sind die Feste niedrigeren Ranges mit schwarzer Tinte und die höheren Ranges mit roter Tinte aufgeführt. Mit schwarzer Tinte sind z.B. Heilige des Elsass wie etwa Arbogast, Aurelia und Florentius eingetragen. Die rot gekennzeichneten Tage bezeichnen Feste mit allgemeinkirchlichem Charakter, Feste des Herrn, der Gottesmutter und der Apostel. Daneben sind zusätzlich das Fest des heiligen Mauritius und das der heiligen Odila rot eingezeichnet. Die Hervorhebung von Mauritius ist verständlich, denn er war der Patron des Klosters. Die Wahl des Patronats weist auf die Beziehungen Etichos zu Burgund hin, der Ebersheimmünster mit Reliquien des Mauritius ausgestattet hatte[145]. Die-

---

[140] Barth, Medart: Die Heilige Odilia Schutzherrin des Elsass. S. 29.
[141] Ebd. S. 30.
[142] Ebd. S. 37.
[143] Martyrologium ecclesiae germanicae pervetustum, quod per septingentos annos deliuit, in publicum nunc prodit, hg. von Matthias Friederich Beck, Augsburg 1687. Neu herausgegeben unter dem Titel: Calendarium historico-christianum medii et novi aevi, hg. von Anton Joseph Weidenbach. Regensburg 1855.
[144] Barth, Medart: Die Heilige Odilia Schutzherrin des Elsass. S. 38.
[145] Burg, André Marcel: Artikel Ebermünster In: Archives de l' église d' Alsace. Sp. 314.

se deutliche Hervorhebung lässt sich ebenfalls auf eine besondere Verehrung Odilias in Eberheimmünster schließen.

Eine weitere Quelle, die Angaben zum religiösen Leben der Frühzeit in Ebersheimmünster macht, ist das Reichenauer Verbrüderungsbuch[146]. Dieses enthält in seiner Anlage, die in die Zeit um 824 fällt, eine Verbrüderung mit etwa 50 Klöstern[147]. Einer der Schwerpunkte der Gebetsverbrüderung lag im Raum zwischen den Vogesen und Alpen. Dabei trat sie im Elsass und im Bodenseegebiet am dichtesten in Erscheinung. So sind z.B. die elsässischen Klöster Münster im Gregoriental, Murbach und Ebersheimmünster in den *Capitula*, dem Inhaltsverzeichnis, aufgeführt und entsprechend durch Namenlisten im Codex vertreten[148].

Auf pag. 58 des Codex finden sich unter der Bezeichnung *Nomina fratrum de coenobio quod Eburshaim nominatur* Konventslisten der Ebersheimer Mönche. Darin trugen zwei Schreiberhände die Namen ein. Es kann nicht genau bewiesen werden, dass es sich um zwei verschiedene Listen handelt, denn möglicherweise könnte auch nur eine Liste von zwei verschiedenen Schreibern angelegt worden sein. Dennoch sprechen die formale Anlage, der eine Teil steht fast durchweg im Ablativ oder Dativ, und eine inhaltliche Analyse eher für zwei Listen[149]. Eine Liste stammt wahrscheinlich aus der Zeit der Anlage des Codex, da sie mit Abt *Theotbaldus* be-

---

[146] Das Verbrüderungsbuch der Abtei Reichenau. Einleitung, Register, Faksimile, hg. von Johanne Authenrieth, Dieter Geuenich und Karl Schmid (=MGH Libri Memoriales et Necrologia. Nova Series, I). Hannover 1979. Im folgenden zitiere ich nach dieser Ausgabe.

[147] Schmid, Karl; Oexle, Otto, Gerhard: Voraussetzungen und Wirkungen des Gebetsbundes von Attigny. S. 89 f.

[148] Geuenich, Dieter: Elsassbeziehungen in den St. Galler Verbrüderungsbüchern. In: Ochsenbein, Peter; Ziegler, Ernst (Hrsg.): Codices Sangallenses. Festschrift für Johannes Duft zum 80. Geburtstag. Sigmaringen 1995. S. 112.

[149] Geuenich, Dieter: Frühmittelalterliche Listen geistlicher Gemeinschaften. Versuch einer prosopographischen, sozialgeschichtlichen und sprachhistorischen Erschließung mit Hilfe der EDV, Habilitationsschrift (Maschinenschrift). Freiburg 1980. S. 248 f.

ginnt, der um 825 durch die Ebersheimer Chonik und die urkundliche Überlieferung bezeugt ist. Anschließend folgen weitere 35 Männernamen. Am Ende der Liste befinden sich drei Namen, *Ghibilinus*, *Ufolridus* und *Heribaldus*,[150] die später in der Ebersheimer Chronik unter den nachfolgenden Äbten auftauchen[151]. Damit könnten folglich Angaben der sonst oft verfälschten Ebersheimer Chronik bestätigt werden. Zwischen Theotbaldus und Gibilinus sind in der Chronik noch die Äbte Grimaldus, Sabacius und Salemon genannt[152]. Ein Fehlen dieser drei Namen erklärt sich möglicherweise dadurch, dass die Äbte von außen eingesetzt wurden, so dass sie nicht schon vorher als Mönche dort tätig waren. Diese Annahme wird zumindest für Sabacius bestätigt, von dem berichtet wird, er sei von Ludwig dem Frommen aus Amorbach herbeigeholt worden[153]. Dies zeigt, dass die Belange des Klosters nach den Etichonen von den Karolingern bestimmt wurden.

Nach den oben genannten Hypothesen begann dann mit *Uolfmundo* eine weitere Liste mit 89 folgenden Männernamen[154]. Dabei könnte es sich um Mönche handeln, die zu Zeiten des Theotbald-Konvents bereits verstorben waren. Diese Liste ist demnach älter und wurde vielleicht von den Ebersheimer Mönchen unter Theotbald mit nach Reichenau gesandt. Hier sind aber von seiten der Forschung noch genauere Untersuchungen erforderlich, um Aufschluss über den Inhalt und die Zusammensetzung geben zu können.

---

[150] Das Verbrüderungsbuch der Abtei Reichenau, hg. von Johanne Authenrieth. pag.58.
[151] Chronicon Ebersheimense, hg. von Ludwig Weiland. S. 438.
[152] Ebd. S. 438.
[153] Ebd. S. 458.
[154] Anlegende Hand Nr. 2 Einträge in den Kolumnen B, C, und D $^{1-2}$ pag. 58 des Codex.

46

5. Die Gründung von St. Stephan in Straßburg

5.1. Die Klostergründung und ihr Werdegang bis ins neunte Jahrhundert

Um 700 gründete Adalbert, der seinem Vater im Herzogsamt gefolgt war, auf dem Ruinenfeld des Kastells im alten Straßburg ein Frauenkloster und setzte an dessen Spitze seine Tochter Attala[155]. Dies sind die allgemeinen Annahmen zur Klostergründung, denn auch bei St. Stephan ist keine Gründungsurkunde vorhanden. Für das gesamte erste Jahrhundert nach der Entstehung sind keine originalen Urkunden mehr überliefert, es existieren lediglich Abschriften[156]. Eine Ausnahme bildet die Erwähnung im Vertrag von Meersen von 870, in dem das Kloster zum Bereich Ludwigs des Deutschen zugehörig ausgewiesen wurde[157]. Aussagen zur Gründung lassen sich nur indirekt aus den Angaben einer interpolierten Urkunde Lothars I. entnehmen[158]. Darin bezieht sich Lothar auf vorgelegte Urkunden von König Childerich und dem Herzog Adalbert: [...] *qui fundavit iam dictum locum in parte sue hereditatis, que sibi pertinuit inter ruinas veteris Argentorati* [...].

Angaben zum Ort der Klostergründung macht darüber hinaus eine Urkunde aus dem Kloster Fulda. In einem Chartular des Klosters aus dem neunten Jahrhundert befindet sich die Abschrift einer Ur-

---

[155] Barth; Medard: Die Legende und Verehrung der hl. Attala, der ersten Äbtissin von St. Stephan in Straßburg. In: Burg, André Marcel: Archives de l'église d'Alsace (Archiv für elsässische Kirchengeschichte) 2 (1927). S. 89. und Ders: Die Heilige Odilia Schutzherrin des Elsaß. S. 19.

[156] Geuenich, Dieter: Richkart ancilla dei de caenobio Sancti Stephani. Zeugnisse zur Geschichte des Straßburger Frauenklosters St. Stephan in der Karolingerzeit. In: Schnith, Karl Rudolf; Pauler, Roland (Hrsg.): Festschrift für Eduart Hlawitschka zum 65. Geburtstag. Kallmünz 1993. S. 97.

[157] Regesta Alsatiae, hg. von Albert Bruckner. S. 357. Nr. 583.

[158] Ders. S. 30. Nr. 74 und S. 331 f. Nr. 530.

kunde, die am 27. Juni 801 zu Straßburg angefertigt wurde[159]. Die Urkunde beinhaltet die Schenkung eines Grundstücks an das Kloster Fulda. Dabei heißt es in der Beschreibung, dass das Grundstück, welches sich unterhalb der neuen Stadt Straßburg befand, direkt an das Kloster St. Stephan stieß.

Eine ganze Anzahl von Schriftstücken ging verloren, andere, z.B. die Urkunde Lothars I., und ein Diplom Ludwigs des Deutschen vom 12. September 856[160] wurden zu einem späteren Zeitpunkt verfälscht. Die beiden Urkunden stammen von der gleichen Schreiberhand[161]. Die Entstehung der Falsifikate fällt wahrscheinlich in die Amtszeit des Bischofs Rudolf von Straßburg, der etwa von 1163/64 bis 1179 das Amt innehatte, vermutlich um 1163. Hintergrund waren – wie so oft – Besitzstreitigkeiten. In diesem Fall sollten höchst wahrscheinlich angebliche Besitzansprüche des Klosters gesichert werden. Dabei fälschte vermutlich nicht das Kloster selbst, sondern der Bischof die Urkunden, da er beabsichtigte, die Güter anschließend einzuziehen[162].

Dennoch beruhen einige Angaben aus dem Diplom Lothars auf wahren Aussagen, denn manche Ausführungen können durch andere Quellen bestätigt werden. Es existieren zwei Namenlisten der Frauengemeinschaft in den *Libri Memoriale* von St. Gallen und Reichenau, die als Bestätigung der Urkunde hinzugezogen werden können.

Im älteren St. Galler Verbrüderungsbuch, dessen Anlage etwa zwischen 810 und 815 fällt[163], finden sich auf fol. 23ʳ [pag. 25] unter der Bezeichnung *Nomina sororum de monasterio sancti Stephani*

---

[159] Ders. S. 248. Nr. 394.
[160] Regesta Alsatiae, hg. von Albert Bruckner. S. 341f. Nr. 547
[161] Wiegand, Wilhelm: Die ältesten Urkunden für St. Stephan in Straßburg. In: ZGORh 48, NF 9 (1894). S. 414.
[162] Wiegand, Wilhelm: Die ältesten Urkunden für St. Stephan in Straßburg. S. 434.
[163] Geuenich, Dieter: Richkart ancilla dei de caenobio Sancti Stephani. S. 98.

Namen des Nonnenkonvents aus St. Stephan[164]. Die Liste beginnt unter der Unterüberschrift *Imprimis clericorum nomina* mit vier Männernamen, davon drei mit der Bezeichnung Presbyter und einmal die Bezeichnung Diakonus. Unter einer weiteren Überschrift *haec sunt nomina monialium* folgen dann nach der Äbtissin *Adalheid* 40 Frauennamen. Die Priesterzahl war zur Feier der Liturgie und Sakramentsspendung vorgesehen und entspricht auch dem Wortlaut der Urkunde Lothars I. Die Anzahl der Schwestern stimmt zusätzlich mit den Bestimmungen aus der Urkunde überein. Vorgesehen waren etwa 30, in der Liste befinden sich 40, unter denen aber möglicherweise auch bereits verstorbene Schwestern verzeichnet wurden. Die Angaben beruhen auf einem echten Diplom aus der Karolingerzeit. Dies begründet sich dadurch, dass der Konvent später nicht mehr so groß war und dass der Fälscher nicht mehr von so einer großen Zahl hätte ausgehen können[165].

Der Name der Äbtissin in der Urkunde Lothars war ursprünglich *Basila*, in Abschriften begegnet jedoch genauso der Name *Ruadrut* in verschiedenen Variationen[166]. Der Name *Basila* kommt nicht im Reichenauer oder St. Galler Verbrüderungsbuch in den Listen von St. Stephan vor[167]. Unter den Namen des Konvents im St. Galler Verbrüderungsbuch befindet sich jedoch an zwei Stellen eine *Ru-*

---

[164] Libri confraternitatum Sancti Galli, Augiensis, Fabariensis, hg. von Paul Piper (=MGH Libri confaternitatum). Hannover 1884. Unveränderter Nachdruck 1984. Im folgenden zitiere ich nach dieser Ausgabe.

[165] Barth; Medard: Die Legende und Verehrung der hl. Attala, der ersten Äbtissin von St. Stephan in Straßburg. S. 95. Siehe auch: Burg, André Marcel: Artikel St. Stephan in Straßburg. In: Archives de l' église d' Alsace (Archiv für elsässische Kirchengeschichte) 29 (1962-63). Sp. 1487.; Geuenich, Dieter: Richkart ancilla dei de caenobio Sancti Stephani. S. 100. und Wiegand, Wilhelm: Die ältesten Urkunden für St. Stephan in Straßburg. S. 425.

[166] Wiegand, Wilhelm: Die ältesten Urkunden für St. Stephan in Straßburg. S. 391.

[167] Ebd. S. 424.

adrud[168]. An der ersten Stelle ist das Pergament allerdings beschnitten und der Name nicht mehr eindeutig lesbar, und bei der zweiten *Ruadrud* ist kein Zusatz wie etwa *abbatissa* angefügt. Möglicherweise war sie eine Nachfolgerin Adalheids, ob sie mit der *Ruadrut* aus der Urkunde identisch ist, kann durch die Liste nicht genau nachvollzogen werden[169].

Im Reichenauer Verbrüderungsbuch ist ebenfalls ein Nonnenkonvent aus St. Stephan in Straßburg verzeichnet. Darin wurden unter der Bezeichnung *Isti sunt nomina ancillarum dei decaenobio sancti Stephani* auf Pagina 134 des Codex neun Männer- und 37 Frauennamen von einer Schreiberhand eingetragen[170]. Unter den Männern sind sechs als Presbyter, zwei als Diakonus und einer als Cantor bezeichnet, den Frauen wurde keine nähere Bezeichnung zugefügt. Ein Vergleich der Listen von St. Gallen und Reichenau hat ergeben, dass die Zeitpunkte ihrer Anfertigung nicht weit auseinander liegen[171]. So findet sich z.B. die Listenzweite in St. Gallen auch in Reichenau an dieser Stelle, und zwei Priesternamen erscheinen in beiden Listen.

Der zeitliche Abstand zwischen den Listen beträgt etwa fünf bis zehn Jahre. Die St. Galler Liste gilt als die ältere von beiden, dort steht beispielsweise der Diakon *Lisolfus*, derselbe Name taucht in der Reichenauer Liste als Presbyter auf. Er stieg wahrscheinlich in der Zwischenzeit im Amt auf. Insgesamt stimmen etwa die Hälfte der Namen überein, darunter auch seltene Namen, bei identischen Namen fand vom St. Galler Verzeichnis zum Reichenauer Buch ein

---

[168] Libri confraternitatum Sancti Galli, Augiensis, Fabariensis, hg. von Paul Piper. Position 26 in der ersten Arkade linke Kolumne und Position drei in der ersten Arkade rechte Kolumne.
[169] Geuenich, Dieter: Richkart ancilla dei de caenobio Sancti Stephani. S. 101.
[173] Das Reichenauer Verbrüderungsbuch, hg. von Johanne Authenrieth. pag.134.
[171] Geuenich, Dieter: Richkart ancilla dei de caenobio Sancti Stephani. S. 102.

Positionswechsel statt, d.h. die Nonnen sind durch den Tod der oberen weiter aufgestiegen.

Aus den Untersuchungen ergibt sich, dass unter Adalheid in den 30er Jahren des neunten Jahrhunderts ein Konventsverzeichnis zum Zweck des Gebetsgedenkens nach St. Gallen geschickt wurde und etwa fünf bis zehn Jahre später eine weitere Liste nach Reichenau[172]. Beide Listen fallen also in die Zeit kurz vor der Ausstellung der Lothar-Urkunde und liefern weitere Informationen zur Klostergeschichte in dieser Zeit.

Die Äbtissin Adalheid findet sich in anderen Zusammenhängen wieder. Wie bereits erwähnt, gelang es Hugo von Tours, seine Tochter Irmgard mit Lothar I. zu verheiraten[173]. Diese erhielt als Morgengabe im Elsass Besitz in Erstein, wo sie später ein Kanonissenstift errichtete, des weiteren schenkte sie möglicherweise auch St. Stephan Besitz[174]. Irmgard hatte zwei Schwestern, von denen eine ebenfalls Adalheid hieß. Diese heiratete den Bruder der Kaiserin Judith, der zweiten Frau Ludwigs des Frommen, den Welfen Graf Konrad[175]. Vielleicht war sie vor ihrer Eheschließung Vorsteherin in St. Stephan. Adalheid könnte somit mit der Adelheid aus der Liste im St. Gallener Verbrüderungsbuch identisch sein – diese Annahmen würden zeitlich in den Rahmen der 830er Jahre passen[176]. Dass adelige Damen, wenn sie in ein Kloster eintraten, meist direkt die Stellung einer Äbtissin innehatten, war für das Mittelalter nichts Ungewöhnliches.

---

[172] Geuenich, Dieter: Richkart ancilla dei de caenobio Sancti Stephani. S. 104.
[173] Siehe S. 10.
[174] Geuenich, Dieter: Richkart ancilla dei de caenobio Sancti Stephani. S. 105. Vgl. auch Borgolte, Michael: Die Geschichte der Grafengewalt im Elsass von Dagobert I. bis Otto dem Großen. S. 27.
[175] Vollmer, Franz: Die Etichonen. S. 168. Vgl. auch Geuenich, Dieter: Richkart ancilla dei de caenobio Sancti Stephani. S. 106.
[176] Geuenich, Dieter: Richkart ancilla dei de caenobio Sancti Stephani. S. 106. Vgl. auch Ders: Elsassbeziehungen in den St. Gallener Verbrüderungsbüchern. S. 113.

Im neunten Jahrhundert trat in Rivalität zu den Etichonen ein weiteres Adelsgeschlecht im Elsass auf, die Erchangare[177]. Möglicherweise stehen sie im Zusammenhang mit St. Stephan in Straßburg. Die oben erwähnte Ruadrut war wahrscheinlich die Frau des Grafen Erchanger, doch beweisbar ist dies nicht, sie könnte auch eine Schwester Lothars I. gewesen sein[178]. Im Reichenauer Verbrüderungsbuch steht an der Spitze des Konvent von St. Stephan eine *Richgard* ohne genauere Standesbezeichnung[179]. In der St. Galler Liste taucht ihr Name nicht auf, daher ist sie wahrscheinlich dem Kloster von außen vorgesetzt worden und nicht wie sonst üblich im Laufe der Zeit im Konvent aufgestiegen. Das deutet darauf hin, dass es sich um eine Person aus den einflussreichsten adeligen Kreisen handeln muss[180]. Der Name Richgard weckt Assoziationen mit der Gemahlin Karls III., die aus der Familie der Erchangare stammt. Diese Familie verband sich in den 50er Jahren des neunten Jahrhunderts mit Ludwig dem Deutschen, die Heirat seines Sohnes Karl mit Richgard sollte seinen Einfluss im Elsass verstärken[181]. Wenn der Name Richgard in der Liste tatsächlich aus dem Haus der Erchangare stammte, wäre damit ein Wechsel im Kloster vollzogen worden. Den Listen in den Verbrüderungsbüchern nach stand zunächst Adalheid, eine Nachfahrin der Etichonen, dem Konvent vor, ihr folgte zur Zeit der Erstellung der Lotharurkunde eine Ruadrut, deren Herkunft nicht genau auszumachen ist, die aber vielleicht auch schon eine Erchangarin war, und anschließend übernahm mit Richgard eine gesicherte Nachfahrin dieser Familie den Vorsitz

---

[177] Zotz, Thomas: Artikel Etichonen. Sp. 57. Vgl. auch Borgolte, Michael: Die Geschichte der Grafengewalt im Elsass von Dagobert I. bis Otto dem Großen. S. 27.

[178] Geuenich, Dieter: Richkart ancilla dei de caenobio Sancti Stephani. S. 108.

[179] Das Verbrüderungsbuch der Abtei Reichenau, hg. von Johanne Authenrieth. pag. 134.

[180] Geuenich, Dieter: Frühmittelalterliche Listen geistlicher Gemeinschaften. S. 235.

[181] Ders.: Richkart ancilla dei de caenobio Sancti Stephani. S. 106 f.

über das Kloster[182]. Der Einfluss der Etichonen auf ihre eigene Stiftung hätte also folglich im neunten Jahrhundert zu Gunsten der Erchangare abgenommen.

5.2. Ausstattung und Bedeutung des Klosters

Vorbild des Klosters war Hohenburg, Herzog Adalbert stattete seine Stiftung so reich aus, dass sie eine der wohlhabendsten des Elsass wurde[183]. Obwohl die Angaben in den Urkunden häufig verfälscht wurden, werden dennoch einige Güter zur Ausstattung des Kloster gerechnet[184]. In Straßburg selbst hatte das Kloster beträchtlichen Grundbesitz im Westen der Stadt. Besitz befand sich auch in unmittelbarer Nähe von Straßburg bei Schiltigheim, und weitere Güter verstreuten sich von Eckwertsheim bei Brumath bis nach Mühlhausen, Wolfganzen, Regisheim und Pulversheim. Besonders viel Besitz befand sich wieder im Sundgau.

Nach den Stammbäumen in der Odilienvita und der *Genealogica* war Adalbert Sohn und Nachfolger Etichos und Vater der heiligen Attala, Eugenia und Gundelindis. Nach der Vita Odiliae ermordete Adalbert ein rachsüchtiger Diener des Vaters[185]. Orientiert man sich an den Urkunden, dann muss er im Jahr 723 vor dem 11. Dezember gestorben sein, denn an diesem Datum stiften seine Söhne Luitfried und Eberhard Besitzungen aus ihrem Erbe an das Kloster Honau[186]. Auch Adalbert machte wie zuvor sein Vater seine Stiftung zur Grablege. Er wurde zusammen mit seinen beiden Frauen Gerlindis und Balthildis im Chor der Klosterkirche begraben[187]. Ihnen kam

---

[182] Ebd. S. 198.
[183] Prinz, Friedrich: Frühes Mönchtum im Frankenreich. S. 226.
[184] Büttner, Heinrich: Geschichte des Elsass Bd. 1. S. 80.
[185] Vita Odiliae abbatissae Hohenburgensis, hg. von Wilhelm Levison. S. 48.
[186] Regesta Alsatiae, hg. von Albert Bruckner. S. 47. Nr. 103
[187] Geuenich, Dieter: Richkart ancilla dei de caenobio Sancti Stephani. S. 97.

nach dem Tod kultische Ehrbezeugung zu[188]. So ist in der Attalalegende, die etwa im 14. Jahrhundert entstanden ist[189], z. B. vom *corpus sancti ducis Alberti* die Rede, und seine Gemahlinnen erhielten ebenfalls diese Auszeichnung[190]. Darüber hinaus wurde die Verbindung mit seiner besonders gottesfürchtigen Tochter Attala herausgestellt. So erscheint Adalbert neben seiner Tochter auf dem Attala-Teppich. Das Bildnis zeigt, wie er ihr das Kloster übergibt[191].

Laut der Attalalegende wurde Attala in Hohenburg erzogen und anschließend von ihrem Vater zur Äbtissin seiner Stiftung St. Stephan eingesetzt[192]. Dort wurde sie nach ihrem Tod beigesetzt, ihr Sarg ging allerdings in der französischen Revolution verloren. Der Beginn ihrer Verehrung als Heilige ist umstritten. Joseph Claus glaubt, dass sie schon seit dem Ende des achten Jahrhunderts verehrt wurde[193], andere Historiker sehen Beweise für eine Verehrung erst im zehnten Jahrhundert als gesichert an[194]. In ihrer Person setzt sich das Ansehen der Etichonenfamilie weiter fort.

Eine enge Verbindung bestand zwischen St. Stephan und Hohenburg. Nach der Attalalegende, die im 13. Jahrhundert entstand, wurden Attala und ihre Schwestern Gundelinde und Eugenia zu-

---

[188] Claus, Joseph M. B.: Die Heiligen des Elsass in ihrem Leben, ihrer Darstellung, ihrer Verehrung und ihrer Darstellung in der Kunst. S. 38.

[189] Vollmer, Franz: Die Etichonen. S. 147.

[190] Vita Attalae abatissae Stratoburgensis, siehe dazu die Angabe im Quellenverzeichnis.

[191] Claus, Joseph M. B.: Die Heiligen des Elsass in ihrem Leben, ihrer Darstellung, ihrer Verehrung und ihrer Darstellung in der Kunst. S. 23 und Tafel 7.

[192] Vita Attala abatissa Stratoburgensis. Angaben entnommen aus: Barth; Medart: Die Legende und Verehrung der hl. Attala, der ersten Äbtissin von St. Stephan in Straßburg. S. 91.

[193] Claus, Joseph M. B.: Die Heiligen des Elsass in ihrem Leben, ihrer Darstellung, ihrer Verehrung und ihrer Darstellung in der Kunst. S. 38.

[194] Barth; Medart: Die Legende und Verehrung der hl. Attala, der ersten Äbtissin von St. Stephan in Straßburg. S. 95. vgl. auch Geuenich, Dieter: Richkart ancilla dei de caenobio Sancti Stephani. S. 97.

nächst von ihrer Tante Odilia in Hohenburg erzogen[195]. Als Attala dann nach Straßburg ging, brachte sie in das Kloster einige Gegenstände, wie etwa einen Rock und einen Teppich mit einer Odiliendarstellung, vom Kloster Hohenburg mit. Im Gegenzug wird berichtet, ein Bote der Äbtissin Werendrudis von Hohenburg habe der toten Attala, die in St. Stephan fünf Wochen aufgebahrt war, heimlich eine Hand abgeschnitten, um diese nach Hohenburg zu bringen[196]. Außerdem befanden sich im zwölften Jahrhundert im Reliquienschatz des Straßburger Münsters Überreste der heiligen Attala, Odilia und Berswinda, die schon um 1000 zu St. Stephan gehörten und die sich vermutlich der oben erwähnte Bischof Werner von Straßburg angeeignet hatte[197]. Für das 13. Jahrhundert kann nachgewiesen werden, dass der Odilientag zu den sechs großen Feiertagen in St. Stephan zählte[198]. Wahrscheinlich war er dies schon in den Jahrhunderten zuvor.

---

[195] Barth, Medart: Die heilige Odilia. S. 33.
[196] Ders.: Die Legende und Verehrung der hl. Attala, der ersten Äbtissin von St. Stephan in Straßburg. S. 95.
[197] Burg, André Marcel: Artikel St. Stephan in Straßburg. In: Archives de l' église d' Alsace. Sp. 1489. siehe auch Barth, Medart: Die heilige Odilia Schutzherrin des Elsass. S. 30.
[198] Barth; Medart: Die Legende und Verehrung der hl. Attala, der ersten Äbtissin von St. Stephan in Straßburg. S. 100.

6. Die Gründung Honaus

6.1. Gründung und geistliche Einrichtung des Klosters

Eine in der Forschung weit verbreitete Annahme ist, dass das Kloster Honau vor dem Juni 722 auf einer heute untergegangenen Rheininsel in der Nähe von Straßburg von Herzog Adalbert gegründet wurde[199]. Ausgangspunkt dafür ist eine Urkunde Adalberts vom Juni 722, die nur in einer Abschrift und unvollständig erhalten blieb.[200]. Für das Kloster muss eine große Anzahl von Urkunden vorhanden gewesen sein, die nicht mehr existieren. Es wird angenommen, dass um 1079 von dem Honauer Mönch Leo ein Chartular angelegt wurde, in dem sich Abschriften befanden, die von der Gründungszeit des Klosters bis zur Zeit Karls des Großen reichten[201]. 1623 existierte dieses Chartular noch, denn zu dieser Zeit wurde es dem Molsheimer Jesuiten Coccius gezeigt, der jedoch nur Abschnitte davon, und diese zum Teil verfälscht, wiedergegeben hat[202]. Unter welchen Umständen die Sammlung verschwand, ist unklar. Bis heute sind insgesamt nur zwölf Akten überliefert wor-

---

[199] Wilsdorf, Christian: Le monasterium Scottorum de Honau et la famille des ducs d` Alsace au VIII$^e$ siècle. S. 54. Vgl. auch Kölzer, Theo: Merowingerstudien II. S. 30.; Burg, André Marcel: Artikel Honau. In: Archiv für elsässische Kirchengeschichte (Archives de l `église d`Alsace) 28 (1961). Sp. 599. und Eberl. Immo: Das Iren-Kloster Honau und seine Regel. In: Löwe, Heinz (Hrsg.): Die Iren und Europa im frühen Mittelalter. Bd. 1 Stuttgart 1982. S. 221.

[200] Regesta Alsatiae hg. von Albert Bruckner. S. 44 Nr. 100.

[201] Barth, Medart: Das verschollenen Chartular des Iroschottenklosters Honau. In: Archiv für elsässische Kirchengeschichte (Archives de l`église d`Alsace) 9 (1958). S. 209. Vgl. auch Wilsdorf, Christian: Le monasterium Scottorum de Honau et la famille des ducs d`Alsace au VIIIe siècle. S. 12 f. u. S. 16. und Eberl. Immo: Das Iren-Kloster Honau und seine Regel. S. 235.

[202] Das verschollene Chartular des Iroschottenklosters Honau. S. 210.

den[203]. Darunter befinden sich sechs Schenkungsurkunden, deren Echtheit nie ernsthaft angezweifelt werden konnte[204].

In der Abschrift der Urkunde von 722 schenkte Herzog Adalbert dem Kloster Honau Besitz im neuen Teil Straßburgs. Da dort nicht mehr die Rede von einer Gründung ist, muss die Errichtung des Kloster bereits zurückgelegen haben. Heinrich Büttner ging aber davon aus, dass Honau von den Söhnen Adalberts, Luitfried und Eberhard, gegründet wurde[205]. Doch diese erscheinen erst im Dezember 723 als Wohltäter[206], während zuvor im Juni und Dezember 723 bereits Boro, der Cousin von Luitfried, und Haicho, der Bruder Adalberts, dem Monasterium Besitz geschenkt hatten[207], das Kloster muss also bereits vorher eingerichtet gewesen sein.

Ausgestattet wurde es mit einem rein irischen Konvent. Es gehörte zu den Irenklöstern der ersten Periode der iroschottischen Expansion[208]. Eine solche Ausstattung galt als Besonderheit, denn rein irische Stiftungen gab es nur sehr wenige. Im gesamten Frankenreich existierten neben Honau zu diesem Zeitpunkt nur noch die Klöster Péronne, Fosse und Mazerolles, die so streng geregelte Aufnahmebedingungen verfolgten[209]. Welche Regel die Mönche beachteten, ist umstritten. Entweder lebten sie nach der *Regula Mixta*[210], die schon Columban in Luxeuil eingeführt hatte, wahrscheinlicher ist

---

[203] Zur Überlieferung vergleiche die Angaben zu den Urkunden in: Regesta Alsatiae, hg. von Albert Bruckner, jeweils unter den einzelnen Urkunden.

[204] Vollmer, Franz: Die Etichonen. S. 148. Vgl. auch Bruckner, Albert: Regesta Alsatiae vgl. die Angaben zu jeder einzelnen Urkunde.

[205] Büttner, Heinrich: Geschichte des Elsaß. Bd. 1. S. 81.

[206] Regesta Alsatiae, hg. von Albert Bruckner. S. 47. Nr. 103.

[207] Ebd. Boro S. 44. Nr. 101. u. Haicho S. 46 Nr. 102.

[208] Frank, Hieronymus: Die Klosterbischöfe des Frankenreiches. Geschichte des alten Mönchtums. München 1932. (=Beiträge zur Mönchtums und des Benediktinerordens, 17) S. 29.

[209] Levison, Wilhelm: Die Iren und die fränkische Kirche. In: Prinz, Friedrich (Hrsg.): Mönchtum und Gesellschaft im Frühmittelalter. Darmstadt 1976. (=Wege der Forschung 312). S. 110. und Frank, Hieronymus: Die Klosterbischöfe des Frankenreiches. S. 29.

[210] Eberl, Immo: Artikel Honau. In: Lex Ma. Bd. 5. München 1991. Sp. 116.

jedoch, dass sie eine aus Irland mitgebrachte Regel befolgten, möglicherweise war die Abtei Jona ihr Vorbild[211]. In späterer Zeit, wahrscheinlich schon zu Beginn des neunten Jahrhunderts, öffnete sich der Konvent auch für fränkische Mönche[212]. Die Zuwanderung irischer Mönche war wohl nicht mehr so groß, dass auch andere Mönche Aufnahme finden konnten. Ob das Kloster zeitweilig die Benediktregel angenommen hat, bleibt fraglich; später wurde es, wahrscheinlich bald nach 817, zum Kanonikerstift umgewandelt[213]. Für eine dauerhafte andere Klosterregel spricht, dass das Kloster in keinem Verbrüderungsbuch der Abteien mit Benediktsregel genannt wird, denn die meisten in einem Verbrüderungsbuch verzeichneten Gemeinschaften hatten diese angenommen[214].

Patron des Klosters wurde der Erzengel Michael, dessen Verehrung in Irland weitaus verbreiteter war als auf dem Kontinent[215]. Das Kloster galt als Stützpunkt für wandernde Missionare und war auch selbst an der Verbreitung des Christentums beteiligt[216]. Die irischen Mönche schufen einen neuen Kult, sie brachten nämlich Reliquien der heiligen Brigida von Kildare mit[217] – angeblich ihren Kopf[218]. Dass es ihnen gelang, einen fremden Kult zu verbreiten, zeigt, dass die Abtei keine unbedeutende Stellung in der Region besessen ha-

---

[211] Ders.: Das Iren-Kloster Honau und seine Regel. S. 219. Vgl auch Burg, André Marcel: Artikel Honau, In: Germania Benedictina. Baden-Württemberg 5 (1975). S. 313. und Prinz, Friedrich: Frühes Mönchtum im Frankenreich. S. 225.
[212] Eberl, Immo: Das Iren-Kloster Honau und seine Regel. S. 232.
[213] Ders.: Artikel Honau. Sp. 116.
[214] Burg, André Marcel: Artikel Honau. In: Germania Benedictina 5. S. 313.
[215] Frank, Karl Suso: Artikel Honau. In: Lexikon für Theologie und Kirchengeschichte. Bd. 5. Freiburg 1996. Sp. 216. Vgl. auch Eberl, Immo: Das Iren-Kloster Honau und seine Regel. S. 236.
[216] Wilsdorf, Christian: Le monasterium Scottorum de Honau et la famille des ducs d` Alsace au VIIIe siècle. S. 51.
[217] Burg, André Marcel: Artikel Honau, In: Germania Benedictina 5. S. 313.
[218] Näheres zum Kult der heiligen Brigida siehe bei Clauss, Joseph M. B.: Die Heiligen des Elsass in ihrem Leben, ihrer Darstellung, ihrer Verehrung und ihrer Darstellung in der Kunst. S. 143.

ben kann. Die Ausstattung mit Reliquien sorgte für ein hohes Ansehen.

Neben der Bezeichnung Abt von Honau ist in den Urkunden auch ein Bischof verzeichnet. Das hat bereits zu Zeiten des oben erwähnten Coccius zu der fälschlichen Annahme geführt, dass die Vorsteher von Honau an der Spitze einer eigenen Diözese standen[219]. Der erste erwähnte Abt war Benedikt, er tritt in den Urkunden nur als Abt auf[220]. Nach ihm folgte Duban, seit wann er das Kloster leitete, ist unbekannt. In einer Schenkungsurkunde des Boronus wurde *Benediktus sive Tubanus* vermerkt[221]. Die Stelle ist umstritten, da sich zwei Interpretationsmöglichkeiten ergeben. Zum einen wird vermutet, Benedikt habe sich Dubanus genannt. Die beiden Namen gehörten demnach ein und der selben Person[222]. Dubanus könnte jedoch genauso von seinem Vorgänger Benedikt als Nachfolger bestimmt worden sein[223]. Dieser wurde einmal als Abt und ein anderes mal als Bischof bezeichnet[224]. Seine Nachfolger Stephanus und Beatus führten in den überlieferten Urkunden beide nur den Abtstitel. Zwischen Stephanus und Beatus soll laut einem Chartular des Bischofs von Tripolis, das Coccius noch vorlag, auch noch ein Thomas Abt zwischen 760 und 770 gewesen sein[225]. Er fand allerdings in keiner der überlieferten Urkunden Erwähnung.

---

[219] Wilsdorf, Christian: Le monasterium Scottorum de Honau et la famille des ducs d`Alsace au VIIIe siècle. S. 10.

[220] Regesta Alsatiae, hg. von Albert Bruckner. S. 44. Nr. 100 und 101; S. 46. Nr. 103.; S. 51. Nr. 110.

[221] Ebd. S. 44 Nr. 101.

[222] Eberl. Immo: Das Iren-Kloster Honau und seine Regel. S. 288.

[223] Frank, Hieronymus: Die Klosterbischöfe des Frankenreiches. Geschichte des Alten München 1932. (=Beiträge zur Geschichte des Mönchtums und des Benediktinerordens17). S. 106.

[224] Bruckner, Albert: Regesta Alsatiae: *Dubanus episcopus* S. 93. Nr. 163., S. 95. Nr. 165. und S. 102. Nr. 169.; *Dubanus abbas* S. 101. Nr. 167.; Dubanus Abtbischof S. 102 Nr. 168.

[225] Wilsdorf, Christian: Le monasterium Scottorum de Honau et la famille des ducs d`Alsace au VIIIe siècle. S. 11 siehe auch Claus, Joseph M. B.: Die Heiligen des Elsass in ihrem Leben, ihrer Darstellung, ihrer Verehrung und ihrer Darstellung in der Kunst. S. 75.

Die Bezeichnung Bischof erscheint also nur bei einer Person. Möglich ist, dass sich die Standesbezeichnung an das irische Vorbild des Abtbischofs anlehnte, denn diese agierten unabhängig vom Diözesanbischof[226]. Vielleicht wurde dabei einfach nur darauf hingewiesen, dass der Abt im Kloster gewissermaßen bischöfliche Funktionen ausübte[227].

Die Stiftung des Klosters auf der Insel Honau bereitete den Mönchen große Schwierigkeiten, denn die Insel wurde des öfteren vom Rhein überschwemmt. Deswegen wurde das Monasterium zwischen 1290 und 1292 nach Rheinau verlegt, weil der Rhein seinen Lauf so verändert hatte, dass die Insel nicht mehr bewohnbar war[228]. Schließlich zogen die Mönche nach Alt St. Peter in Straßburg[229]. Irische Mönche zogen es vor, auf Inseln zu leben, da sie ihnen zum einen eine natürliche Schranke zur Außenwelt boten und das Wasser außerdem zur Abhärtung und Einhaltung strenger Hygienevorschriften genutzt werden konnte[230]. Wichtig im Bezug auf die Etichonen war sicherlich die Tatsache, dass irische Mönche dafür bekannt waren, Gebiete zu kultivieren. Sie waren es, die das Gebiet um das Kloster urbar machten und somit zu einem wirtschaftlichen Nutzgebiet erschlossen[231].

---

[226] Eberl. Immo: Das Iren-Kloster Honau und seine Regel. S. 288.
[227] Wilsdorf, Christian: Le monasterium Scottorum de Honau et la famille des ducs d'Alsace au VIII e siècle. S. 11.
[228] Ebd. S. 1. Vgl. auch Eberl, Immo: Das Iren-Kloster Honau und seine Regel. S. 219.
[229] Eberl, Immo: Das Iren-Kloster Honau und seine Regel. S. 219. Vgl. auch Burg, André Marcel: Artikel Honau. In: Germania Benedictina 5. S. 313.
[230] Wilsdorf, Christian: Le monasterium Scottorum de Honau et la famille des ducs d'Alsace au VIIIe siècle. S. 55. Vgl. auch Burg, André Marcel: Artikel Honau, In: Germania Benedictina 5. S. 313.
[231] Burg, André Marcel: Artikel Honau, In: Germania Benedictina 5. S. 313.

6.2. Materielle Ausstattung des Klosters

Obwohl die Lage des Klosters nicht unbedingt die vorteilhafteste war, wirkt die weitere Ausstattung, die sich auf viele Mitglieder der Etichonenfamilie verteilte, beträchtlich. Wie bereits erwähnt, überließen Luitfried und Eberhard Teile ihres Erbes dem Kloster. Dabei schenkten sie ihren gesamten Anteil an der Insel, der ihnen nach dem Tod ihres Vaters als Erbe zugefallen war. In dieser Urkunde wird auch Eugenia, die Schwester der beiden, erwähnt, die ebenfalls ihren Anteil an der Insel dem Kloster schenkte[232]. Diese Schenkung ist neben dem Stammbaum in der Vita Odiliae und der *Genealogica* die einzige Bezeugung von Eugenias Existenz.

Neben Gütern auf der Insel selbst gehörten Teile des linken Rheinufers von Höhnheim bis nach Offendorf zum alten Besitz der Abtei, und weitere Gebiete befanden sich nördlich der Breusch vorwiegend bis nach Selz hin[233]. Streubesitz lag auch außerhalb des Elsass. Honau besaß z.B. in Mainz und Oberhessen insgesamt acht Kirchen, die wohl ursprünglich den Rupertinern, den Stiftern der Abtei Lorsch, gehörten[234]. Sie kamen erst am Ende der Abtzeit des Beatus in den Besitz der Abtei Honau. Er hatte diese in seinem Testament vom 21. Juni 778 dem Kloster vermacht[235]. Wie weit der Besitz in der folgenden Zeit auch nach dem Ende der Etichonen unter den Karolingern anstieg, wird durch eine Urkunde Karls III. vom 23. Mai 884 deutlich[236]. Darin werden allein 24 Ortschaften genannt, in denen sich Besitz des Klosters befand: die meisten im Unterelsass, einige am Rhein im Breisgau und in der Ortenau und die genannten Kirchen in Hessen.

---

[232] Regesta Alsatiae, hg. von Albert Bruckner. S. 47 Nr. 103.
[233] Büttner, Heinrich: Geschichte des Elsass. Bd. 1. S. 81
[234] Staab, Franz: Untersuchungen zur Gesellschaft am Mittelrhein in der Karolingerzeit. S. 288.
[235] Regesta Alsatiae, hg. von Albert Bruckner. S. 174. Nr. 275.
[236] Ebd. S. 373 f. Nr. 617.

Die Güter auf der Insel selbst waren anfangs in der Etichonenfamilie stark zerteilt. So hatten neben Luitfrid, Eberhard und Eugenia ebenso Boro, Haicho, Hugo und Bodol Anteile an der Insel. Im Zeitraum von etwa 722 bis 749 gerieten sie immer mehr in den Besitz der Abtei.

6.3. Die Bedeutung der Urkunden für die Geschichte der Etichonenfamilie

Die oben kurz beschriebenen Schenkungswellen sind vor allem deswegen so interessant, weil die Urkunden Angaben zu den Familienverhältnissen liefern, die sonst nirgends erschlossen werden können. Daher sollen diese Urkunden im folgenden genauer betrachtet werden.

Dabei ist zu beachten, dass die verwandtschaftlichen Verhältnisse in den einzelnen Urkunden nicht genau beschrieben werden. Dennoch halten einige Historiker eine Verbindung der genannten Personen in den Diplomen mit der Etichonenfamilie für gesichert. Dies machen sie vor allem daran fest, dass die Ausstellungsorte der Urkunden sich auf Orte mit typisch etichonischer Besitzgeschichte beziehen[237]. Darüber hinaus finden die Angaben keinen Widerspruch in den oben beschriebenen Genealogien.

Die Schenkungsurkunden, die die einzelnen Teile der Insel Honau betreffen, stellen noch einen besonderen Ausgangspunkt dar. Honau war keine große Insel, daher scheint es unwahrscheinlich, dass sie sich in der Hand verschiedener Familien befand. Besitz am gleichen Ort kann also gleichzeitig auf Verwandtschaft hinweisen[238]. Hinzu kommt, dass Land, das noch nicht erschlossen war und folglich keinen Besitzer hatte, zu dieser Zeit generell zu königlichem Gut ge-

---

[237] Vollmer, Franz: Die Etichonen. S. 151. vgl. auch Wilsdorf, Christian: Le monasterium Scottorum de Honau et la famille des ducs d'Alsace au VIIIe siècle. S. 24 f.
[238] Vollmer, Franz: Die Etichonen. S. 150.

hörte²³⁹. Als Verwalter des Elsass waren die Etichonen dafür vorgesehen, die dieses mit dem Schwinden der Macht des merowingischen Königtums wahrscheinlich als ihren eigenen Besitz betrachteten. Auch dies weist auf eine Verwandtschaft der in den Urkunden erwähnten Stifter mit den Etichonen hin.

Die wichtigsten Persönlichkeiten, Luitfried, Eberhard und Eugenia, werden in der Schenkungsurkunde vom Dezember 723 erwähnt, die auch etwas über ihren Rang aussagt²⁴⁰. So wird Luitfried als *dux* bezeichnet, er folgte also seinem Vater im Amt des Herzogs nach. Es gibt keine erhaltene frühere Urkunde, in der er mit diesem Amt genannt wird, daher kann daraus geschlossen werden, dass sein Vater in der Zeit zwischen seiner eigenen Schenkungsurkunde an Honau und der Ausstellung der Urkunde seines Sohnes und Nachfolgers Luitfried gestorben ist, also zwischen dem Juni 722 und dem Dezember 723. Der zweite Sohn Adalberts, Eberhard, wird darin als *domesticus* geführt. Ihm ist also die Funktion des Verwalters von königlichen Gütern zugefallen²⁴¹.

Nach der Schenkung Adalberts an Honau folgte am 21. Juni 723 die Urkunde eines Boronus, ausgestellt in Ebersheim²⁴². Unter dem gleichen Namen existierte eine weitere Schenkung vom 16. April 748, unterzeichnet in Mandeure²⁴³. In beiden Abschriften ist keine Angabe zur Herkunft Boros vermerkt. Keine der Akten gibt Auskunft darüber, ob Boro ein Sohn Battichos ist. Es gibt allerdings eine weitere Urkunde mit dem Stifternamen Boro für das Kloster Weißenburg aus dem Jahr 739, ebenfalls unterzeichnet in Mandeure²⁴⁴. Dort wird Boro als Sohn eines Batticho ausgewiesen. Da die Urkunden zweimal am gleichen Ort ausgestellt wurden, handelt es

---

[239] Wilsdorf, Christian: Le comte Eberhard, fondateur de Murbach. S. 23.
[240] Regesta Alsatiae, hg. von Albert Bruckner. S. 47. Nr. 103.
[241] Wilsdorf, Christian: Le monasterium Scottorum de Honau et la famille des ducs d`Alsace au VIIIᵉ siècle. S. 59.
[242] Regesta Alsatiae, hg. von Albert Bruckner. S. 44. Nr. 101.
[243] Ebd. S. 93. Nr. 163.
[244] Ebd. S. 77f. Nr. 136.

sich mit Sicherheit um die gleiche Person. Batticho ist laut Genealogie wiederum ein Sohn Etichos und Bruder des Herzogs Adalbert. Genau bestimmt ist damit die Abstammung von den Etichonen nicht, aber immerhin sehr wahrscheinlich.

Eine weitere Person, die Anteile an der Insel Honau dem Kloster schenkte, ist Haicho. Für ihn liegt die Abschrift einer Urkunde vom 17. September 723 vor[245]. Ein Haicho findet sich in der Genealogie als Sohn Etichos wieder. Die Urkunde wurde außerdem von seinen Söhnen Hugo [II.] und Albricus unterzeichnet, die ebenfalls im Stammbaum verzeichnet wurden.

Eine zweite Schenkungswelle fällt in die Zeit von 747 bis 749. Neben der bereits erwähnten Schenkung Boros existierte die Stiftungsurkunde eines Hugo im Jahr 748[246]. Darin vermachte er dem Kloster Honau den von seinem Vater Bleon auf der Insel ererbten Besitz. Damit bietet die Urkunde weitere Ergänzungen zur Genealogie, denn auch dort ist ein Bleon als Sohn Hugos [I.] verzeichnet, der ein Bruder Adalberts war. Bleon hatte wiederum einen Sohn, der Hugo heißt[247]. Der Bruder Bleons, Bodol, ist genauso urkundlich belegt. Er vermachte den vom Vater Hugo [I.] vererbten Besitz am 12. Oktober 749 dem Kloster[248].

Die Schenkungen führten so weit, dass die Abtei am Ende wohl die ganze Insel unter ihrer Verwaltung hatte. Die zahlreichen Besitzübertagungen werfen die Frage auf, ob an dieser Stelle nicht eine gezielte Schenkungspolitik verfolgt wurde. Franz Vollmer sieht hinter diesen Maßnahmen die aufstrebenden karolingischen Hausmeier im Dienste der fränkischen Staatsgewalt[249]. Wie oben bereits angedeutet, handelte es sich bei der Insel vielleicht um ehemaliges Amtsgut, das durch die Übernahme der Etichonen allmählich in der

---

[245] Regesta Alsatiae, hg. von Albert Bruckner. S. 46 f. Nr. 102.
[246] Ebd. S. 95 f. Nr. 165.
[247] In der *Genealogica* verzeichnet als Hugo III.
[248] Regesta Alsatiae, hg. von Albert Bruckner. S. 101. Nr. 167.
[249] Vollmer, Franz: Die Etichonen. S. 152.

Familie aufgesplittert wurde. Die Schenkungen hätten somit eine Möglichkeit geboten, den Besitz wieder zu vereinen. Ingrid Heidrich steht dagegen auf einem ganz entgegengesetzten Standpunkt[250]. Sie geht davon aus, dass die etichonischen Schenkungen gerade zu dem Zeitpunkt getätigt wurden, in dem sich die Hausmeier dem angrenzenden alemannischen Raum zuwandten. Durch die Vergabe von Besitz an ein Kloster wurde dieser gesichert, die Etichonen hätten damit ihren eigenen Rückhalt in der Region verstärkt. Honau sollte zu einem den Etichonen getreuen Zentrum ausgebaut werden[251].

Welche These wahrscheinlicher ist, muss offen bleiben. Festzuhalten bleibt nur, dass die Karolinger sich in der Folgezeit ausführlich mit dem Kloster beschäftigten. Dies wird deutlich durch die Verleihung einiger Privilegien für Honau. Die erste Urkunde der fränkischen Herrscher hat das Kloster von Theuderich IV. erhalten[252]. Bis zu Karl Martell machten die Karolinger ihren Einfluss nicht direkt geltend, sondern bedienten sich des Merowingerkönigs Theuderich IV., von dem gesichert ist, dass er nur mit Unterstützung Karl Martells handeln konnte[253]. In diesem Diplom erteilte der König dem Gründungsabt Benedikt das Privileg, bereits zu Lebzeiten seinen Nachfolger Tubanus (Dubanus) zum Abt zu ernennen. Diese Urkunde wurde aber später verfälscht, wobei sich die Fälschungszeit und Hintergründe nur schwer bestimmen lassen[254]. Weitgesteckt liegt der Zeitraum etwa zwischen dem neunten und elften Jahrhun-

---

[250] Heidrich, Ingrid: Die urkundliche Grundausstattung der elsässischen Klöster, St. Gallens und der Reichenau in der ersten Hälfte des 8. Jahrhunderts. In: Classen, P. (Hrsg.): Die Gründungsurkunden der Reichenau. Sigmaringen 1977. S. 39 f.
[251] Ebd. S. 61.
[252] Regesta Alsatiae, hg. von Albert Bruckner. S. 51. Nr. 110.
[253] Heidrich, Ingrid: Die urkundliche Grundausstattung der elsässischen Klöster, St. Gallens und der Reichenau in der ersten Hälfte des 8. Jahrhunderts. S. 39.
[254] Kölzer, Theo: Merowingerstudien II. S. 30-33.

dert[255]. Grundlage der Falsifikation war wahrscheinlich eine Urkunde des Abtes Benedikt, welche seine Nachfolge regelte, und ein ehemaliges Königsdiplom, die zusammengefasst wurden[256] – möglicherweise um somit die freie Abtwahl durch den Konvent durch eine vermeintlich alte Bestätigung auszuschließen[257]. Auch wenn nicht mehr genau nachvollziehbar, haben zu diesem Zeitpunkt die Karolinger möglicherweise schon auf das Kloster eingewirkt.

Dieser Fälschung folgten kurze Zeit darauf Abschriften zweier weiterer Urkunden, diesmal nicht vom König selbst, sondern von Pippin dem Jüngeren zur Zeit, als er noch das Amt des Hausmeiers bekleidete[258]. Die erste ist eine Schutzurkunde, und die zweite befreite das Kloster vom Zoll. Für beide Schriftstücke ist kein genaues Ausstellungsdatum vermerkt, ihre Entstehung wird etwa in der Zeit zwischen 748 und 751 vermutet[259]. Eine Befreiung vom Zoll erleichterte die Versorgung auf der Insel und brachte durch den Standort in der Nähe von Straßburg dem Kloster sehr gute Geschäftsmöglichkeiten[260]. Eine interessante Tatsache dieser beiden Urkunden besteht darin, dass in keiner Herzog Luitfried erwähnt wird. Offensichtlich wurde ab diesem Zeitpunkt der Einfluß der Familie zurückgedrängt, es finden sich in Honau auch keine Urkunden von etichonischen Wohltätern mehr[261].

Ob die Abschriften auf echte Diplome zurückgehen, ist nicht mehr genau auszumachen. Zwei weitere Diplome bekräftigen aber Pip-

---

[255] Wilsdorf, Christian: Le monasterium Scottorum de Honau et la famille des ducs d'Alsace au VIIIᵉ siècle. S. 59.
[256] Kommentar der Urkunde in Regesta Alsatiae, hg. von Albert Bruckner. S. 51.
[257] Eberl. Immo: Das Iren-Kloster Honau und seine Regel. S. 222.
[258] Regesta Alsatiae, hg. von Albert Bruckner. S. 102 Nr. 168 u. 169.
[259] Ebd. Kommentar der Urkunden. Vgl. auch Heidrich, Ingrid: Die urkundliche Grundausstattung der elsässischen Klöster, St. Gallens und der Reichenau in der ersten Hälfte des 8. Jahrhunderts. S. 36.
[260] Wilsdorf, Christian: Le monasterium Scottorum de Honau et la famille des ducs d'Alsace au VIIIᵉ siècle. S. 56.
[261] Ders.: Les Etichonides au temps carolingiens et ottoniens. S. 7.

pins Engagement für das Kloster. Sie werden beide für authentisch gehalten[262]. Vom 15. September 758 blieb eine Urkunde erhalten, in der er als König dem Kloster Immunität verlieh[263]. Auf jeden Fall muss eine Urkunde von Pippin vorhanden gewesen sein, denn als König stellte er dem Kloster etwa im September 758 eine weitere Urkunde aus, die sich auf ein früher ausgestelltes Privileg bezieht[264]. In diesen Urkunden wird ebenfalls nicht mehr auf die Etichonen Bezug genommen. Nach den Angaben der Diplome war es immer der Abt Dubanus, kein Adliger, der um Hilfe bat. Die Etichonen wurden nicht einmal mehr als Gründer erwähnt. Pippin trat hier also bewußt die Nachfolge des elsässischen Herzogtums an.

In der Folgezeit gewährten die Karolinger dem Kloster weitere Privilegien. Im März 770 verlieh Karlmann dem Kloster die Immunität[265]. Dies geschah auf Bitten des Abtes Beatus, wahrscheinlich weil er das Kloster vor Besitzanfechtungen schützen wollte[266]. In einer anderen Urkunde, deren Entstehung zwischen 772 und 774 angesetzt wird, befahl Karl der Große die Rückgabe des dem Kloster entfremdeten Besitzes[267]. Die sich anschließenden Urkunden handeln nur noch von Besitzstreitigkeiten. Am 9. Juni 775 bestätigte Karl der Große Honau seinen gesamten Besitz, da die Urkunden verloren gegangen seien[268]. Karl der Große musste eingreifen, denn die Abtei war das Opfer von Übergriffen geworden. Man ging davon aus, dass irische Mönche nicht zu solchem Besitz ermächtigt seien, und leugnete die Rechte Honaus[269]. Offensichtlich waren

---

[262] Ders: Le monasterium Scottorum de Honau et la famille des ducs d'Alsace au VIIIe siècle. S. 9.
[263] Regesta Alsatiae, hg. von Albert Bruckner. S. 109. Nr. 183
[264] Ebd. S. 109. Nr. 184.
[265] Ebd. S. 133. Nr. 218.
[266] Wilsdorf, Christian: Le monasterium Scottorum de Honau et la famille des ducs d'Alsace au VIIIe siècle. S. 12.
[267] Regesta Alsatiae, hg. von Albert Bruckner. S. 154. Nr. 246.
[268] Ebd. S. 133. Nr. 218.
[269] Wilsdorf, Christian: Le monasterium Scottorum de Honau et la famille des ducs d'Alsace au VIIIe siècle. S. 57.

damit noch nicht alle Streitigkeiten geregelt, denn noch im gleichen Jahr bestätigte Karl, dass das Kloster durch ein Gottesurteil Besitz in Osthofen und Hohenegehöft erstritten hatte[270].

Nach dem Ende des etichonischen Herzogtums lag das Schicksal des Klosters folglich vollkommen in der Hand der Karolinger. Mit seiner Lage im Rhein diente es als Stützpunkt der Zentralgewalt für das rechtsrheinische Gebiet[271].

---

[270] Regesta Alsatiae, hg. von Albert Bruckner. S. 157. Nr. 253.
[271] Prinz, Friedrich: Frühes Mönchtum im Frankenreich. S. 538.

7. Die Gründung des Grafen Eberhard: Murbach

7.1. Die Gründung durch den Grafen Eberhard und den heiligen Pirmin

Die letzte Etichonengründung entwickelte sich zugleich auch zur bedeutendsten. Zuvor konzentrierten sich die Stiftungen auf das nördliche Elsass. Im Süden hatten die Etichonen noch alle Güter und Rechte selbst in der Hand, deshalb mussten dort keine Besitzsicherungen durch Klostergründungen vorgenommen werden[272]. Erst 727/28 wurde von Eberhard, dem Bruder des Herzogs Luitfried, das Kloster Murbach eingerichtet. Das Monasterium befand sich unterhalb des großen Belchens, des höchsten Berges der Vogesen. Benannt wurde es nach dem nahe gelegenen Bach Murbach. In den Urkunden trägt es auch die Bezeichnung *Vivarius Peregrinorum*, zum einen, da sich dort wohl auch ein Weiher befand, und zum anderen zum Andenken an die gleichnamige Stiftung Cassiodors[273]. Der genaue Ort der alten Kirchenbauten ist unbekannt, nur Teile der Neubauten aus dem zwölften Jahrhundert sind heute noch erhalten[274].

Zur Entstehungsgeschichte sind einige Urkunden im Original überliefert. Eine Stiftungsurkunde blieb nicht erhalten, aber unmittelbar darauf folgten Dokumente, die es ermöglichen, die Gründung zu rekonstruieren. Die erste Nachricht liefert die Ebersheimer Chronik. Darin wird berichtet, dass Eberhard auf seinem Grundbesitz das

---

[272] Büttner, Heinrich: Geschichte des Elsass Bd. 1. S. 82.
[273] Ders.: Christentum und fränkischer Staat in Alemannien und Rätien während des 8. Jahrhunderts. Erstdruck in: Zeitschrift für Schweizerische Kirchengeschichte 43 (1949). Jetzt in: Ders. (Hrsg.): Frühmittelalterliches Christentum und fränkischer Staat zwischen Hochrhein und Alpen. 3. Aufl. Darmstadt 1973. S. 24.
[274] Müller, Joachim: Die Klosterkirche Murbach im Elsass. Köln 1992. (=Veröffentlichung der Abteilung Architekturgeschichte des Kunsthistorischen Instituts der Universität zu Köln 44) S. 8.

Kloster Murbach errichtete, das von Pirmin geweiht wurde[275]. Als Gründungsdatum bestimmte Albert Bruckner das Jahr 727[276]. Wie bereits erwähnt sind die Angaben der Ebersheimer Chronik für diesen Zeitabschnitt meist ungenau oder verfälscht, daher tritt diese Nachricht gegenüber anderen Quellen eher in den Hintergrund.

Das älteste Diplom stellte Bischof Widegern von Straßburg für das Kloster am 13. Mai 728 aus[277], seine Echtheit wird nicht angezweifelt[278]. Auf den Inhalt wird im folgenden noch genauer einzugehen sein. An dieser Stelle soll zunächst einmal festgehalten werden, dass darin Graf Eberhard als Stifter zusammen mit dem für die Gründung herbeigerufenen Bischof Pirmin und seinen Mönchen erwähnt werden. Darin findet auch schon die Ausstattung des Klosters Erwähnung, weshalb durchaus im Jahr zuvor mit der Einrichtung des Klosters begonnen worden sein könnte[279]. Das Privileg bildet das abschließende Dokument des Gründungsvorganges.

Eberhard, der zuvor in den Urkunden Honaus in der Funktion des *domesticus* Erwähnung fand, wird im Diplom Widegerns als Graf bezeichnet. Sein Amt wurde erweitert, er hatte neben der Verwaltung noch die oberste Gerichtsbarkeit im Elsass inne[280]. Eberhard nahm folglich in der Verwaltung des Elsass neben seinem Bruder dem Herzog Adalbert den zweiten wichtigen Platz ein. Über Eberhard weiß die Forschung weit mehr als über seinen Bruder: Er war der Herr Egisheims und der dortigen Pfalz[281]. Christian Wilsdorf

---

[275] Regesta Alsatiae, hg. von Albert Bruckner. S. 52. Nr. 112.
[276] Ebd.
[277] Ebd.. S. 53 ff. Nr. 113.
[278] Kölzer, Theo: Merowingerstudien II. S. 63. Vgl. auch Angenend, Arnold: Monarchi Peregrini. S. 84. und Heidrich, Ingrid: Die urkundliche Grundausstattung der elsässischen Klöster, St. Gallens und der Reichenau in der ersten Hälfte des 8. Jahrhunderts. S. 34
[279] Burg, André Marcel: Le duché d'Alsace au temps de Sainte Odile. Woerth 1959. S. 114.
[280] Wilsdorf, Christian: Le comte Eberhard, fondateur de Murbach. S. 23.
[281] Gatrio, A.: Die Abtei Murbach im Elsass. Nach Quellen bearbeitet. Straßburg 1895. S. 20.

hat ermittelt, dass Eberhard in etwa 50 Ortschaften Güter besaß und eine Werkstatt zur Tuchherstellung mit 40 Frauen zu seinem Eigentum zählte[282]. Der Graf war nicht nur reich, sondern auch gebildet, so wird angenommen, dass er lesen und schreiben konnte[283].

Murbach war die erste Stiftung, bei der neben dem weltlichen Gründer eine bedeutende geistliche Persönlichkeit auftauchte, deren Herkunft nicht in der Familie zu suchen ist. Zu Pirmins Herkunft gibt es keine verläßliche Quelle. Seine Vita nennt keinen Herkunftsort, lediglich die spätere Wirkungsstätte *Melcis Castellum*[284]. Damit ist wahrscheinlich der Ort Meaux bei Paris gemeint, so ist z.B. Pirmins Nachfolger in Murbach, Romanus, wahrscheinlich mit einem dortigen gleichnamigen Bischof identisch, und im Kloster St. Croix in Meaux finden sich die ältesten Zeugnisse der Verehrung Pirmins[285]. Durch die fehlenden Angaben ergeben sich unterschiedliche Spekulationen, auf die nur kurz eingegangen werden soll. Einige Historiker nehmen an, Pirmin komme aus Spanien oder dem von den Westgoten beherrschten Frankenreich und sei von dort vor den einfallenden Arabern geflohen[286]. Andere wiederum weisen ihn den iroschottischen Missionaren zu[287]. So wird Pirmin beispielsweise in den Urkunden Murbachs als *episcopus,* niemals als Abt bezeichnet, er stand aber keiner eigenen Diözese vor und ist deshalb als Klosterbischof zu betrachten. Eine solche geistliche Standesbe-

---

[282] Wilsdorf, Christian: Le comte Eberhard, fondateur de Murbach. S. 23.
[283] Ders.: Le monasterium Scottorum de Honau et la famille des ducs d'Alsace au VIIIe siècle. S. 66.
[284] Vita S. Pirmini, hg. von Hermann Waitz (=MGH Scriptorum Rerum Germanicarum, XV). Erstdruck Hannover 1887. Unveränderter Nachdruck Stuttgart 1963. S. 21.
[285] Angenendt, Arnold: Monarchi Peregrini. S. 41
[286] Gall, Jecker: St. Pirmins Erden- und Ordensheimat. In: Archiv für Mittelrheinische Kirchengeschichte 5 (1953). S. 23. Vgl. auch Richter, Michael: Neues zu den Anfängen des Klosters Reichenau. In: ZGORh 144, NF.105 (1996). S. 2.
[287] Angenendt, Arnold: Monarchi Peregrini. S. 233.

zeichnung gab es in Spanien nicht, wodurch eine iroschottische Herkunft realistischer erscheint[288].

Pirmins erste Klostergründung war Reichenau auf einer Bodenseeinsel. Doch er hielt sich in dem Inselkloster nicht lange auf, laut der Chronik Hermanns des Lahmen wurde er nämlich von dort vertrieben[289]. Hintergrund dazu war, dass er sich vor seiner Gründung wahrscheinlich die Unterstützung des Hausmeiers Karl Martell gesichert hatte. Pirmin wird teilweise in der Forschung deshalb als politisches Werkzeug der Karolinger betrachtet[290]. Die Reichenauinsel befand sich nämlich im Gebiet des Alemannenherzogs Lantfrid, der mit einer Einflußnahme Karl Martells nicht einverstanden sein konnte. Als Karl Martell seine Aufmerksamkeit nach Südfrankreich wenden musste, um die Mauren abzuwehren, sah der Bruder des Alemannenherzogs, Theudebald, eine Gelegenheit gekommen, Pirmin davonzujagen. Daher berichtet die Chronik, Theudebald habe Pirmin *ob odio caroli* vertrieben[291].

Von dort aus ging er ins Elsass und fand im Grafen Eberhard zunächst einen bereitwilligen Förderer. Dieser wurde von wirtschaftlichen Interessen geleitet. Wie das Widegern-Privileg berichtet, stellte Eberhard seinen eigenen Grund und Boden für die Klostergründung zur Verfügung. Dabei handelte es sich um Allod Eberhards, denn das Gebiet Murbachs war vor der Klostergründung unerschlossen und gehörte somit zum Besitz des Königs[292]. Murbach war ein Rodungskloster, die Mönche machten den Platz erst wirt-

---

[288] Frank, Hieronymus: Die Klosterbischöfe des Frankenreiches. S. 118.
[289] Herimanni Augiensis Chronikon a. 1-1054, hg von Georg Heinrich Pertz (MGH =Scriptorum Rerum Merovingicarum, V). Erstdruck Hannover 1844. Unveränderter Nachdruck Hannover 1968. S. 98.
[290] Himly, Jean François: Neue Erkenntnisse zur merowingischen Geschichte des Elsass. S. 86. Vgl. auch Prinz, Friedrich: Frühes Mönchtum im Frankenreich. S. 217.
[291] Prinz, Friedrich: Frühes Mönchtum im Frankenreich. S. 217.
[292] Wilsdorf, Christian: Le monasterium Scottorum de Honau et la famille des ducs d'Alsace au VIIIe siècle. S. 72.

schaftlich nutzbar[293]. Es diente demnach dem weiteren Landesausbau.

Neben dem Privileg Widegerns existiert eine weiteres Dokument, das dem Kloster Privilegien zusprach, eine Urkunde Theuderichs IV. vom 12. Juli 728[294]. Darin verlieh er dem Kloster die Immunität und stellte es unter Königsschutz. Die Echtheit des Diploms wird allerdings bezweifelt. Die Schutzverfügung wirkt stilistisch wie ein Anhängsel und scheint bei einer späteren Abschrift hinzugefügt worden zu sein[295]. Auch die Urkunden Pippins[296] und Karls des Großen[297] bestätigen dem Kloster nur die Immunität und nicht den Königsschutz. Dennoch geht man davon aus, dass die Urkunde einen wahren Kern enthält[298]. Im Schlusspassus finden sich die Reste einer in jedem Fall echten Immunitätsformel, die Ähnlichkeiten mit anderen Königsurkunden aufweist[299]. Theuderichs Urkunde entstand erst nach der Gründung und Einrichtung. Dadurch wird deutlich, dass die Klostergründung ohne ihn geplant wurde, er tritt nur noch als Garant einer ohne ihn vollzogenen Handlung auf[300]. Die Etichonen befanden sich folglich zu diesem Zeitpunkt auf dem Höhepunkt ihrer Macht.

Nach nur kurzer Zeit muss Pirmin das Kloster wieder verlassen haben, denn in einer Urkunde vom 21. April 730, in der ein *Theodo*

---

[293] Prinz, Friedrich: Frühes Mönchtum im Frankenreich. S. 538.
[294] Regesta Alsatiae, hg. von Albert Bruckner. S. 57 f. Nr. 114.
[295] Heidrich, Ingrid: Die urkundliche Grundausstattung der elsässischen Klöster, St. Gallens und der Reichenau in der ersten Hälfte des 8. Jahrhunderts. S. 34. Vgl. auch Angenendt, Arnold: Monarchi Peregrini. S. 86.
[296] Regesta Alsatiae, hg. von Albert Bruckner: S. 119. Nr. 195.
[297] Ders. S. 136 f. Nr. 226.
[298] Beyerle, Franz: Bischof Perminus und die Gründung der Abteien Murbach und Reichenau. In: Zeitschrift für schweizerische Kirchengeschichte 27 (1947). S. 143.
[299] Heidrich, Ingrid: Die urkundliche Grundausstattung der elsässischen Klöster, St. Gallens und der Reichenau in der ersten Hälfte des 8. Jahrhunderts. S. 34.
[300] Büttner, Heinrich: Geschichte des Elsass Bd. 1. S. 84.

dem Kloster Besitz in Hammerstatt verkaufte, steht an der Spitze des Klosters bereits der Abt Romanus[301]. Offensichtlicher wird die Situation noch durch eine weitere Urkunde vom Stifter Eberhard selbst. Er schenkte gemeinsam mit seiner Frau Hemelctrudis am 1. Februar 731/32 dem Konvent unter Abt Romanus Kirchen in Mömpelgard, St. Dizier und Pfettershausen[302]. Darin ist nur davon die Rede, dass Eberhard das Kloster gegründet hat und dass es von Romanus geleitet wird – Pirmin wird dabei überhaupt nicht mehr erwähnt.

Die Gründe für Pirmins recht schnelles Verschwinden können nicht genau geklärt werden. Die Tatsache, dass er in der Urkunde Eberhards nicht als Gründungsabt erwähnt wird, deuten einige Historiker als ein Zerwürfnis zwischen Pirmin und Eberhard[303]. Der Kontext dieser Annahme findet sich in den Privilegien von Widegern und Theuderich. Durch das Widegern-Privileg erlangte das Kloster Unabhängigkeit vom Straßburger Bischof. Daher wurde vermutet, Eberhard wollte seine Rechte als Eigenklosterherr untermauern[304]. Pirmin aber wendete sich durch den Königsschutz dagegen und versuchte, die Pläne Eberhards zu durchkreuzen. Falls aber der Königsschutz erst bei späteren Abschriften zugefügt wurde, fehlt diesen Vermutungen die Grundlage. Daher hält sich auch die Meinung, dass er möglicherweise das Kloster nur einrichtete und sich anschließend anderen Aufgaben widmete[305]. Nach der Gründung

---

[301] Regesta Alsatiae, hg. von Albert Bruckner. S. 59. Nr. 117.
[302] Ebd. S. 62 f. Nr. 122.
[303] Gall, Jecker: St. Pirmins Erden- und Ordensheimat. S. 15. Vgl. auch Beyerle, Franz: Bischof Perminus und die Gründung der Abteien Murbach und Reichenau. S. 143.
[304] Beyerle, Franz: Bischof Perminus und die Gründung der Abteien Murbach und Reichenau. S. 143. Vgl. auch Himly, Jean François: Recherches récentes sur les origines de l'abbaye de Murbach. In: RA 88 (1948). S. 194.
[305] Bruckner, Anton: Untersuchungen zur älteren Abtreihe des Reichsklosters Murbach. In: ElsaßLoth.Jb. 16 (1937). S. 45. vgl. auch Angenend, Arnold: Monarchi Peregrini. S. 91. und Heidrich, Ingrid: Die urkundliche Grundausstattung der elsässischen Klöster, St. Gallens und der Reichenau in der ersten Hälfte des 8. Jahrhunderts. S. 35

Murbachs war seine Tätigkeit im Elsass nämlich noch nicht beendet, er errichtete noch das Kloster Hornbach und wirkte möglicherweise an der Reform einiger weiterer Klöster mit[306].

Welche Bedeutung dem Privileg Widegerns zugemessen werden kann und welche Auswirkungen die Schenkungen Eberhards auf die Entwicklung des Klosters ausübten, soll nun im folgenden untersucht werden.

7.2. Die Privilegierung Murbachs durch den Bischof von Straßburg

An dieser Stelle soll noch einmal genauer auf das Widegern-Privileg eingegangen werden, da es Murbach so große Unabhängigkeiten verlieh, wie sie sonst kaum einem anderen Kloster gewährt wurden. Auf dem Konzil von Chalcedon 451 wurde beschlossen, dass die Mönche sich ganz unter die Aufsicht der Bischöfe stellen sollten, d.h. bei allen Entscheidungen, die ein Kloster treffen wollte, musste erst der zuständige Diözesanbischof konsultiert werden[307]. Die Klöster wehrten sich gegen eine solche Bevormundung, und so kam es zur Erstreitung von Privilegien. Die Forschung teilt die Bischofsprivilegien des siebten und achten Jahrhunderts in drei große Gruppen ein[308]. Die erste und dritte Gruppe beziehen sich in unterschiedlichen Zeiten auf die Verleihung der „großen Freiheit", d.h. der völligen Unabhängigkeit vom Diözesanbischof. Die zweite Gruppe steht dazwischen, diese Klöster erhielten nur die „kleine Freiheit", waren also noch in einem gewissen Maße vom Diözesanbischof abhängig. Murbach gehört zur letzen

---

[306] Zu genauen Auflistung der Klöster mit pirminischer Tradition vgl. Angenendt, Arnold: Monarchi Peregrini. S. 81-122.

[307] Angenendt, Arnold: Monarchi Peregrini. S. 175 f.

[308] Ewig, Eugen: Beobachtungen zu den Klosterprivilegien des 7. und frühen 8. Jahrhunderts. In: Spätantikes und fränkisches Gallien Bd. 3/2 München 1976. (=Beihefte der Francia 3/2) S. 416. Vgl. auch Angenendt, Arnold: Monarchi Peregrini. S. 178 f.

Gruppe, ihm wurde die große Freiheit verliehen, was sonst nur noch für Flavigny und Schwarzach zutraf.

Der Aufbau lehnte sich an Privilegformulare an, wie sie im nordburgundischen Raum um 700 üblich waren[309]. Es finden sich Passagen, die mit der Formelsammlung aus Flavigny übereinstimmen. Ebenso wichtige Bestimmungen scheinen aus den Urkunden des Widerad von Flavigny von 719 und 722 entnommen worden zu sein[310].

Das Murbacher Privileg wurde möglicherweise anläßlich einer Diözesansynode in Straßburg ausgestellt[311]. Dies vermutet die Forschung, da Widegern das Privileg laut der Formulierung in der Urkunde mit der Zustimmung seiner Mitbrüder, der Äbte, der Kleriker, der gottesfürchtigen Laien, des Volkes und seiner ganzen Kirche gewährt hat. Darüber hinaus finden sich neben Widegern auch noch drei weitere nicht näher identifizierte Bischöfe in der Liste der Unterzeichner[312]. Möglich wäre jedoch, dass sich alle wichtigen Persönlichkeiten des Elsass zum Himmelfahrtsfest in Straßburg versammelt hatten und in diesem Zusammenhang dem Gründungsakt beiwohnten[313]. Es zeigt sich aber in jedem Fall, dass die Gründung Murbachs nicht nur die „Privatangelegenheit" Eberhards war, sondern dass diese vielmehr als ein öffentlicher Vorgang betrachtet wurde, an dem alle wichtigen Faktoren des Elsass beteiligt waren.

Der Inhalt des Privilegs sah eine massive Einschränkung der bischöflichen Rechte gegenüber dem Kloster vor. Die Bestimmungen

---

[309] Ewig, Eugen: Beobachtungen zu den Klosterprivilegien des 7. und frühen 8. Jahrhunderts. S. 424.
[310] Gall, Jecker: St. Pirmins Erden- und Ordensheimat. S. 19. Vgl. auch Angenendt, Arnold: Monarchi Peregrini. S. 86.
[311] Angenendt, Arnold; Monarchi Peregrini. S. 177.
[312] Regesta Alsatiae, hg. von Albert Bruckner. S. 56. Nr. 113
[313] Büttner, Heinrich: Geschichte des Elsass Bd. 1. S. 83.

lassen sich in sechs großen Punkten zusammenfassen[314]. Der erste betrifft die Bestätigung des gesamten Besitzes. Darunter fallen alle Ländereien, Häuser und Hörige, auch Schenkungen aus der Vergangenheit und der Zukunft sowie Gebäude, Gefäße und Kostbarkeiten[315]. Der zweite Punkt umfaßt den Verzicht der Bischöfe von Straßburg auf *dominatio* und *census*, das bedeutet, dass die Bischöfe keine Herrschaftsbefugnis oder Befehlsgewalt mehr über das Kloster ausüben konnten und auf alle Abgaben und Geschenke seitens des Klosters an den Bischof verzichteten[316]. Mit dieser Entsagung wurde die Position Eberhards gestärkt. Er war als Stifter damit der einzige, der sich in die Belange des Klosters einmischen durfte, denn er hatte immer noch das Recht, seinen eingebrachten Besitz zu überwachen[317].

Das nächste Privileg zeichnete Murbach als ein Kloster der „großen Freiheit" aus. Die Mönche durften nämlich selbst entscheiden, welcher Bischof die erforderlichen Weihehandlungen im Kloster vornehmen sollte. Wenn dieses Privileg nicht gewährt wurde, was meistens der Fall war, war das Kloster in entscheidenden Punkten immer noch vom Diözesanbischof abhängig. Murbach erhielt dadurch eine herausgehobene Stellung, besonders da es mit Pirmin zunächst auch einen eigenen Klosterbischof besaß, in diesem Punkt also völlig unabhängig war[318]. Das Kloster erhielt eine fast so autonome Stellung wie ein Bischofssitz[319].

---

[314] Die Einteilung erfolgt nach Angenendt, Arnold: Monarchi Peregrini. S. 181f.
[315] Ebd. S. 181.
[316] Ebd. S. 181
[317] Wilsdorf, Christian: Le monasterium Scottorum de Honau et la famille des ducs d'Alsace au VIIIe siècle. S. 69.
[318] Wollasch, Joachim: Mönchtum des Mittelalters zwischen Kirche und Welt. Münster 1973. (=Münstersche Mittelalter-Schriften) S. 26.
[319] Angenendt, Arnold: Pirmin und Bonifatius. Ihr Verhältnis zum Mönchtum, Bischofsamt und Adel zur Gründungszeit des Klosters Reichenau. In: Borst, Arno (Hrsg.): Mönchtum, Episkopat und Adel zur Gründungszeit des Klosters Reichenau. Sigmaringen 1974. S. 256.

Der Bischof von Straßburg durfte darüber hinaus das Kloster nur betreten, wenn er dazu eingeladen wurde. Die Bestimmung ging sogar soweit, dass niemand gegen den Willen der Mönche den Klosterbezirk betreten konnte. Das Privileg der freien Abtwahl ist für Murbach besonders ausgestaltet. Es wurde vorgesehen, dass die Mönche ihren Abt selbst wählten, wobei sie ihn sich aus ihrem eigenen Konvent oder aus anderen Pirminklöstern aussuchen durften. Ebenso sollten sie bei dem letzten Privileg, dem Korrektionsrecht, das für den möglichen Verfall der Klosterzucht vorgesehen war, nur die Pirmin getreuen Klöster um Abhilfe bitten.

Alle diese Maßnahmen zeigen, dass Pirmin bemüht war, seine Gründungen und die von ihm reformierten Klöster in einem einheitlichen Verband zu organisieren[320]. Seine Klostergruppe erlangte jedoch keine gesamtfränkische Bedeutung und keine geschichtliche Kontinuität[321].

All diese Freiheiten haben dazu beigetragen, dass sich das Kloster zu einer mächtigen Abtei entwickelte. Murbach blieb unter den Pirmingründungen neben Reichenau die herausragendste und war im Elsass neben Weißenburg über Jahrhunderte die mächtigste Abtei. Daher ist es nicht verwunderlich, dass auch auf dieses Monasterium nach dem Machtverlust der Etichonen der Schatten der fränkischen Reichsmacht fiel. Ein wichtiger Faktor für den Aufstieg des Klosters war vor allem seine große Ausstattung mit Besitz, auf den nun im folgenden genauer eingegangen werden soll.

---

[320] Wollasch, Joachim: Mönchtum des Mittelalters zwischen Kirche und Welt. S. 26.
[321] Ebd. S. 26.

7.3. Ausstattung und Bedeutung des Klosters von der Zeit der Etichonen bis zu den Karolingern

7.3.1. Murbachs materielle Ausstattung

Inwieweit der Graf Eberhard seine Stiftung zur Zeit der Gründung mit Gütern ausstattete, ist nicht mehr genau nachvollziehbar, da keine Gründungsurkunde mehr exisistiert. Für die Zeit nach dem Widegern-Privileg blieben jedoch zahlreiche Schenkungsurkunden erhalten, die zumindest über die weitere Einrichtung einen Eindruck verschaffen. Die erste erhaltene Schenkungsurkunde unter dem Abt Romanus wurde bereits erläutert. Darin stiftete Eberhard mit seiner Frau 731/32 Besitz und Kirchen bei Mömpelgard, St. Dizier und Pfettershausen nordöstlich von Pruntrut[322].

Nach den Angaben einer weiteren Urkunde erlitt Eberhard einige Schicksalschläge, so starb sein Sohn, und er selbst erblindete[323]. Möglicherweise sah er dies als göttliche Strafe an, zog sich schließlich aus dem weltlichen Leben zurück und beschloss, seinen Lebensabend in einem Kloster zu verbringen. Es kann nicht genau geklärt werden, in welches Kloster er sich begab. Die ältere Forschung vermutete, dass er sich in Murbach, seiner eigenen Stiftung, aufhielt[324]; heute geht man eher davon aus, dass er zusammen mit seiner Frau nach Remiremont ging, da dieses Kloster zu Beginn sowohl Männer als auch Frauen aufnahm[325]. Ein weiteres Indiz dafür sind die letzten beiden bekannten Urkunden, in denen der Graf auftaucht. Diese sind nämlich in Remiremont ausgestellt worden[326].

---

[322] Regesta Alsatiae, hg. von Albert Bruckner. S. 62. Nr. 122.
[323] Büttner, Heinrich: Geschichte des Elsass Bd. 1. S. 84.
[324] Gatrio, A.: Die Abtei Murbach im Elsass. S. 56.
[325] Wilsdorf, Christian: Le monasterium Scottorum de Honau et la famille des ducs d' Alsace au VIIIe siècle. S. 65 und 68.
[326] Vgl. Regesta Alsatiae, hg. von Albert Bruckner S. 64 Nr. 125. und S. 67 f. Nr. 127.

Bei der ersten in Remiremont angefertigten Urkunde handelt es sich um die Verleihung von Präkarien[327]. Daher wird der Murbacher Besitz nur indirekt erwähnt. Am 24. Juli 735 bat ein Hilderad den Abt Romanus um die Verleihung von Besitz gegen Zins in Modenheim und Ungersheim. Dabei wurde in dem Schriftstück ausdrücklich erwähnt, dass es sich um von Eberhard gestiftete Güter handelte. Die Urkunde gibt neben der Information über das Eigentum noch einen weiteren interessanten Aspekt preis. Begab sich Eberhard wirklich nach Remiremont, so wird deutlich, dass er weiterhin über die Güter des Klosters zu bestimmen hatte. Abt Romanus musste offenbar dort hingehen, um sich sein Einverständnis einzuholen[328].

Die letzte große Schenkung tätigte er als Mönch für sein Seelenheil nach den bereits erwähnten Schicksalsschlägen[329]. Die Echtheit der Urkunde erschien einigen Historikern zweifelhaft, denn das Unterzeichnungsdatum ist falsch[330]. Laut den Angaben der Urkunde wurde sie im achten Jahr der Regierung Theuderichs IV., also zwischen 728/29, ausgestellt. Anhand einer anderen Schenkungsurkunde Eberhards für Weißenburg kann jedoch bewiesen werden, dass er zu dem Zeitpunkt noch gar kein Mönch war[331]. Christian Wilsdorf geht nach einer paläographischen und sprachlichen Analyse und einer Untersuchung des stilistischen Aufbaus davon aus, dass der Inhalt stimmt[332]. Der Schreiber, der die Urkunde im 15. Jahrhundert in ein Chartular übertrug, hätte sich demnach nur im Datum geirrt. Statt dessen wurde die Urkunde im fünfzehnten Jahr der Regierung Theuderichs IV., also zwischen 735 und 737, ausgestellt[333]. Mit

---

[327] Ebd. S. 46 f. Nr. 102.
[328] Wilsdorf, Christian: Le monasterium Scottorum de Honau et la famille des ducs d'Alsace au VIIIe siècle. S. 64.
[329] Regesta Alsatiae, hg. von Albert Bruckner. S. 67 ff. Nr. 127.
[330] Beyerle, Franz: Bischof Perminus und die Gründung der Abteien Murbach und Reichenau. S. 145.
[331] Regesta Alsatiae, hg. von Albert Bruckner. S. 64. Nr. 124.
[332] Wilsdorf, Christian: Le monasterium Scottorum de Honau et la famille des ducs d'Alsace au VIIIe siècle. S. 62.
[333] Davon geht auch Albert Bruckner aus: Regesta Alsatiae. S. 67. Nr. 127

Gütern in etwa 30 verschiedenen Ortschaften ist sie die umfangreichste.

Weitere Auskunft über die Besitzungen Murbachs gibt darüber hinaus eine andere erhaltene Urkunde aus dem Jahr 737[334]. Darin geht es wieder um die Verleihung von Präkarien. Der dabei in Betracht gezogene Besitz wird ebenfalls als Schenkung Eberhards ausgewiesen. Das Jahr 737 war zugleich das letzte Jahr, in dem Eberhard selbst urkundete. Am 19. Juni schenkte er dem Kloster Weißenburg Besitz in Niefern und *Chovaldomonti*, allerdings unter lebenslänglichem Nießbrauchrecht[335]. Die Schenkung diente wohl eher der Besitzsicherung. Da Eberhard keine Nachkommen hatte, fielen nach seinem Tod (747[336]) die übrigen Güter an seinen Bruder, Herzog Luitfried[337].

Durch alle Angaben kann ein ungefähres Bild der gesamten Ausstattung des Klosters erstellt werden[338]. Die Besitzungen Murbachs reichten von der Straßburg-Zabener Bucht bis in den Schweizer Jura hinein. Im ganzen altbesiedelten Elsass fanden sich Güter, die teils mit Ländereien Ebersheimmünsters und Hohenburgs zusammentrafen. Weitere Teile lagen entlang des Vogesenfußes von Schlettstadt bis nach Geberschweier. Besonders gehäuft befanden sich Liegenschaften im Gebiet südlich Rufachs bis nach Mülhausen. Diese reichten bis nach Mömpelgard, Dattenried und St. Dizier nach der burgundischen Pforte hinüber bis zum Hauenstein bei Onoldswil und noch weiter rechtsrheinisch ins Wiesental im Breisgau bei Rötteln und Schopfheim.

---

[334] Ebd. S. 72. Nr. 128.
[335] Ebd. S. 73 f. Nr. 130.
[336] Gatrio, A.: Die Abtei Murbach im Elsass. S. 56. Vgl. auch Wilsdorf, Christian: Le monasterium Scottorum de Honau et la famille des ducs d`Alsace au VIIIe siècle. S. 67.
[337] Gatrio, A.: Die Abtei Murbach im Elsass. S. 56.
[338] Diese Aufstellung findet sich bei Büttner, Heinrich: Geschichte des Elsass Bd. 1. S. 85.

Faßt man alle diese Orte zusammen, so ergibt sich der Eindruck, dass Murbach neben Weißenburg die am reichsten begüterte Abtei des Elsass war. Unter den Etichonengründungen nimmt sie damit den wichtigsten Platz ein[339] – ein weiterer Grund, warum die Karolinger an dem Kloster sehr interessiert waren. Der Besitz läßt auch Rückschlüsse auf die Etichonen selbst zu. Er zeigt deutlich, wie groß ihre Besitzungen gewesen sein müssen und wie stark damit ihr Einfluss war. Möglicherweise waren die Schenkungen an das Kloster so groß, weil sich die Etichonen dadurch eine dauerhafte Besitzsicherung versprachen[340]. An Stellen mit größerem Besitz kam zusätzlich noch weiterer Gütererwerb hinzu, besonders im Sundgau und auf der Straße nach Basel. Die Etichonen verfolgten zusätzlich eine zielbewußte Güterpolitik. Sie strebten danach, von Murbach aus über Basel bis zum Hauenstein eine Reihe von Besitzungen zu erhalten, die als Übernachtungsmöglichkeiten und Stützpunkte für den dortigen Juraübergang dienen konnten.

7.3.2. Die Stellung des Klosters unter den Karolingern

Zunächst soll noch auf eine weitere Schenkung eingegangen werden, weil sie zeigt, wie weitreichend der Einfluß des Klosters sich auch noch nach dem Niedergang des etichonischen Herzogtums entwickelte. Zur Blütezeit des Klosters im neunten Jahrhundert reichte der Besitz bis nach Rätien und in die Region um Worms[341]. Außerdem war das Kloster in Mainz und Umgebung begütert[342].

König Pippin schenkte das Kloster Luzern an Murbach. Wann dies geschah, ist nicht genau geklärt, denn die Urkunde ging verloren. Vermutlich in der Zeit um 740, als die Macht des Alemannenher-

---

[339] Büttner, Heinrich: Geschichte des Elsass Bd. 1. S. 84.
[340] Heidrich, Ingrid: Die urkundliche Grundausstattung der elsässischen Klöster, St. Gallens und der Reichenau in der ersten Hälfte des 8. Jahrhunderts. S. 41.
[341] Heitzler, Albert; Wilsdorf, Christian: Artikel Murbach. In: Helvetia Sacra III, 2 (1986). S. 873.
[342] Staab, Franz: Untersuchungen zur Gesellschaft am Mittelrhein in der Karolingerzeit. S. 288.

zogs Theudebald zurückging[343], oder zu Beginn der fünfziger Jahre des achten Jahrhunderts[344]. Es kann ebensowenig nachvollzogen werden, wie lange das Kloster vor der Schenkung schon bestand[345]. Dass Pippin eine Urkunde für das Kloster ausstellte, kann einem Diplom Lothars I. aus dem Jahr 840 entnommen werden[346]. Darin bestätigte er auf Bitten des Abtes Sigimar den Besitz des Klosters Luzern, welches König Pippin Murbach geschenkt hat und das Ludwig der Fromme der Abtei bestätigt hatte. Der Standort des Klosters befand sich an einem strategisch günstig gelegenen Platz am Ausgang des Vierwaldstätter Sees und am Reußübergang, der nach Sarnen und dem Brüningpass führt[347]. Erst 1456 gelang es Luzern, sich wieder von Murbach unabhängig zu machen[348]. Da das Kloster aber nur eine kleine Außenstelle war, blieb es klein und weitgehend unbekannt.

Murbach setzte währenddessen unter den Karolingern seinen Aufschwung fort. Nach Pippin[349] bestätigte Karl der Große unter Abt Haribert am 13. Januar 772[350] und unter Abt Amico am 4. April 775[351] und vermutlich noch einmal unter Abt Sindbert zwischen 789 und 791[352] die Immunität. Diese Politik führten seine Nachfol-

---

[343] Büttner, Heinrich: Die Entstehung der Konstanzer Diözesangrenzen. Erstdruck in: Zeitschrift für Schweizerische Kirchengeschichte 43 (1954). Jetzt in: Ders. (Hrsg.): Frühmittelalterliches Christentum und fränkischer Staat zwischen Hochrhein und Alpen. 3. Aufl. Darmstadt 1973. S. 83. Siehe auch Geuenich, Dieter: Frühmittelalterliche Listen geistlicher Gemeinschaften. S. 275.

[344] Prinz, Friedrich: Frühes Mönchtum im Frankenreich. S. 267.

[345] Angenendt, Arnold: Monarchi Peregrini. S. 174.

[346] Regesta Alsatiae, hg. von Albert Bruckner. S. 325 f. Nr. 516.

[347] Büttner, Heinrich: Geschichte des Elsass Bd. 1. S. 83.

[348] Feld, Otto: Artikel Murbach. In: Lexikon für Theologie und Kirche. Bd. 7. Freiburg 1962. Sp. 693.

[349] Immunität für Murbach von Pippin (zwischen 751 und 762): Regesta Alsatiae, hg. von Albert Bruckner. S. 119 f. Nr. 195.

[350] Ebd. S. 136 f. Nr. 226

[351] Ebd. S. 155. Nr. 249.

[352] Ebd. S. 222. Nr. 350.

ger fort. Karl der Große war der erste, der sich massiv in die Belange des Klosters einmischte. Er schränkte die Abtwahl des Klosters ein. Nachdem Romanus das Elsass zur Zeit der Alemannenaufstände 744 verlassen hatte[353], wurde Baldobert zu dessen Nachfolger gewählt. Er war gleichzeitig Bischof von Basel. Nach seinem Tod wurde 762 Haribert zum Abt erhoben[354]. Auch dieser gelangte zu Bedeutung, weil er in Begleitung des Grafen Dodo an der Romreise teilnahm, die Pippins Aufstieg zum König den Weg bereitete[355]. Auf Haribert folgte 774 Amicho, bis dieser von Sindbert, einem angeblichen Neffen Karls des Großen, abgelöst wurde[356]. Dieser bekleidete zusätzlich noch das Amt des Bischofs, wahrscheinlich von Augsburg[357]. Er starb auf dem Awarenfeldzug 791. Dann übernahm Karl der Große selbst die Leitung der Abtei bis 793[358]. Im Namen des Königs handelte zu dieser Zeit der Dekan oder Probst Egilmar. Karls Laienabbatiat zeigt sehr signifikant den Zugriff der fränkischen Zentralgewalt. Das Kloster besaß am Ende des achten Jahrhunderts nichts mehr von der ihm durch den Bischof Widegern verbürgten Freiheit, die nachfolgenden Äbte bekamen die Abtei meist verliehen[359].

7.3.3. Murbachs religiös-kulturelle Bedeutung

In späterer Zeit entwickelte sich im Kloster der Pirminskult. Zeugnisse der Verehrung Pirmins als Heiliger tauchen im Elsass im

---

[353] Annales Morbacenses (Codex Turicensis) hg. von Walter Lendi. (Untersuchungen zur frühalemannischen Annalistik, die Murbacher Annalen mit Edition). Freiburg 1971. S. 150. Im folgenden zitiere ich nach dieser Ausgabe.
[354] Annales Morbacenses (Codex Turicensis) hg. von Walter Lendi. S. 154.
[355] Gatrio, A.: Die Abtei Murbach im Elsass. S. 69.
[356] Regesta Alsatiae, hg. von Albert Bruckner. S. 349. Nr. 350.
[357] Ludwig, Uwe: Murbacher Gedenkaufzeichnungen in der Karolingerzeit. In: Alemannisches Jahrbuch 1991/92. S. 258.
[358] Annales Morbacenses (Codex Turicensis) hg. von Walter Lendi. S. 168
[359] Frank, Hieronymus: Die Klösterbischöfe des Frankenreiches. S. 125.

neunten Jahrhundert auf[360]. Zunächst einmal wurde in Murbach der heilige Mauritius verehrt, dessen Patrozinium im Frankenreich weit verbreitet war. Dann stattete Eberhard das Kloster mit Reliquien des heiligen Leodegar aus. Ein Teil seines abgeschlagenen Kopfes wurde nach Murbach gebracht, ein anderer Teil wahrscheinlich nach Masmünster[361]. Das Leodegarpatrozinium trug auch die Abtei Flavigny. Dies weist auf einen weiteren Austausch der beiden Klöster hin, der schon im Zusammenhang mit dem Widegern-Privileg angesprochen wurde[362].

Dem heiligen Leodegar kommt, wie oben bereits gezeigt wurde, durch seine vermutliche Verwandtschaft mit der Etichonenfamilie eine besondere Bedeutung zu. Schon zu Lebzeiten des Stifters konnte die kultische Verehrung eines Familienmitgliedes betrieben werden. In diesem Punkt scheint Murbachs Ausstattung ebenfalls herausragend.

Das Kloster spielte darüber hinaus noch eine bedeutende Rolle für das noch nicht flächendeckende Christentum. Murbach erfüllte eine Lücke in der religiösen Infrastruktur, da es im Süden, abgesehen von Münster, kein wichtiges Kloster im Elsass gab[363]. Klöster waren vor allem deswegen in diesem Prozess so notwendig, da sie mit ihren Regeln, Feiern und Reliquien anziehend für die Bevölkerung wirkten[364]. Zentren der Christianisierung waren ebenso die von

---

[360] Claus, Joseph M. B.: Die Heiligen des Elsass in ihrem Leben, ihrer Darstellung, ihrer Verehrung und ihrer Darstellung in der Kunst. S. 170.
[361] Gatrio, A.: Die Abtei Murbach im Elsass. Nach Quellen bearbeitet. S. 14.
[362] Ewig, Eugen: Beobachtungen zur Entwicklung der Fränkischen Reichskirche unter Chrodegang von Metz. In: Frühmittelalterliche Studien. Jahrbuch des Instituts für Frühmittelalterforschung der Universität Münster, 2 (1968) S. 70.
[363] Gatrio, A.: Die Abtei Murbach im Elsass. S. 25. vgl. auch Wilsdorf, Christian: Le comte Eberhard, fondateur de Murbach. S. 24.
[364] Wilsdorf, Christian: Le comte Eberhard, fondateur de Murbach. S. 23.

Eberhard an das Kloster geschenkten Kirchen. Sie haben teilweise sogar heute noch den heiligen Leodegar als Patron[365].

Wie die Urkunden zeigen, spendeten Eberhard und seine Frau nicht nur aus politischen und wirtschaftlichen Interessen, sondern vor allem auch für das Wohl ihrer Seelen und die Vergebung der Sünden mit der Hoffnung auf eine spätere Verzeihung im Jenseits. In dieser Hinsicht war das Kloster für sie „rentabel". Bis ins zwölfte Jahrhundert hatte Eberhard seinen festen Platz in der Liturgie, seine Commemoratio wurde im August gefeiert[366]. Ob er in der Zeit als Mönch noch einmal nach Murbach zurückkehrte, ist unklar. Nach seinem Tod wurde ihm dort ein Grabmal errichtet, das ihn in ewiger Erinnerung behalten sollte. Die heute verlorene Inschrift zeugte vom Bestreben, im Jenseits gut aufgenommen zu werden: *[...] und so vermied der edle Mann, die göttliche Rache...[...] ewig im Himmelreich, lebst du jetzt mehr als reich[...]*[367].

Nach dem Ende der Etichonischen Vormacht blühte unter der Förderung von Karl dem Großen das geistige Leben in Murbach auf. Die Klosterschule wurde zur Zentralstätte des Bildungswesens im Elsass, und ihre Bedeutung reichte noch weit über diesen regionalen Raum hinaus. So wurden dort im neunten Jahrhundert z.B. zahlreiche Werke klassischer Autoren und Geschichtswerke aufbewahrt und Übersetzungen von benediktischen Hymnen ins Althochdeutsche vollzogen[368].

---

[365] Burg, André Marcel: Le duché d`Alsace au temps de Sainte Odile. S. 116.
[366] Wilsdorf, Christian: Le comte Eberhard, fondateur de Murbach. S. 24.
[367] Grabinschrift entnommen aus: Gatrio, A.: Die Abtei Murbach im Elsass. S. 57.
[368] Feld, Otto: Artikel Murbach. Sp. 693.

7. 4. Gedenklisten als Quelle der Klostergeschichte von den Anfängen des Klosters bis in die Karolingerzeit

Das Kloster Murbach ging Gebetsverbrüderungen zum Zwecke der Memoria mit anderen Klöstern ein. Von den an die jeweiligen Monasterien gesandten Listen ist ein großer Teil erhalten, daher erhoffte die Forschung sich, durch ihre Analyse mehr über das Kloster zur Gründungs- und Folgezeit erfahren zu können[369]. Welche Ergebnisse daraus für das Kloster gezogen wurden, wird im folgenden erläutert. Zum Teil ist es notwendig, die Listen relativ detailliert zu erläutern, um Aspekte der Frühgeschichte Murbachs nachvollziehen zu können. An dieser Stelle sollen zunächst die Voraussetzungen zur Entstehung der Listen erläutert werden. Anschließend erfolgt ein kurzer Überblick über alle Listen, um sich ein Bild von der gesamten Gebetsverbrüderung Murbachs verschaffen zu können.

7.4.1. Zur Überlieferung

In Murbach selbst sind leider keine Gedenkbücher oder Namenlisten verbrüderter Kommunitäten erhalten geblieben. Dass die Abtei aber Gebetsverbrüderungen eingegangen ist, wird durch eine erhaltenen Verbrüderungsvertrag und einige Einträge in den Büchern anderer Gemeinschaften deutlich. Da solche Vereinbarungen immer auf Interdependenz beruhten, d.h. Verträge abgeschlossen und danach Listen ausgetauscht wurden, müssen diese Klöster auch nach Murbach Namenlisten geschickt haben. Murbacher Namen sind in Reichenau (pag. 44, 45 u. 69),[370] im Frauenkloster von Remiremont (fol. 42^v und 58^v-62^v),[371] in Pfäfers (pag. 42)[372] und im Kloster San

---

[369] Eine ausführliche Untersuchung der Listen führte Uwe Ludwig durch. In: Ludwig, Uwe: Murbacher Gedenkaufzeichnungen in der Karolingerzeit. S. 221-299.

[370] Das Verbrüderungsbuch der Abtei Reichenau, hg. von Johanne Authenrieth.

[371] Liber Memorialis von Remiremont, hg. von Eduard Hlawitschka (=MGH Antiquates, Libri memorialis, I). Dublin 1970. Im folgenden wird nach dieser Ausgabe zitiert.

Salvatore/Santa Giulia in Brescia (fol. 35ᵛ)[373] überliefert worden. Vorhanden ist eine Vielzahl verschiedenartiger Einträge von kompletten Mönchslisten über Namengruppen bis hin zu Einzeleinträgen.

Auch in St. Gallen müssen Listen von Murbach vorhanden gewesen sein. Die Abtei besaß nicht, wie ursprünglich angenommen, nur ein Verbrüderungsbuch, sondern zwei[374]. Die Murbacher Listen wurden aber bislang nicht gefunden, wahrscheinlich befanden sie sich in dem Teil des älteren St. Galler Codex, der verloren gegangen ist[375]. Dennoch ist bekannt, dass sie existiert haben, denn ein anderes Dokument, ein Vertrag, berichtet darüber. Grundlage für den Abschluss einer Gebetsverbrüderung bildeten immer Verträge, die das wechselseitige Gedenken rechtlich absicherten. Ein solcher Vertrag wurde zwischen Murbach und dem Kloster St. Gallen überliefert. Unterzeichnet haben ihn der St. Galler Abt Bernhard (883-890) und der Murbacher Abt Friederich (877-886)[376]. Die Bestimmungen wurden nicht mehr erneut festgelegt, sondern aus einem „Mustervertrag", der zwischen der Reichenau und St. Gallen im Jahr 800 zwischen den Äbten Waldo und Werdo ausgehandelt wurde, übernommen[377]. Darin wurde genau geregelt, was zu tun sei im Falle des Todes eines verbrüderten Mönches. Die Vereinbarungen umfassten z.B. Meßopfer, Psalter, das Singen der Vigil und ähnli-

---

[372] Liber Viventium Fabariensis. Faksimile Edition, hg. von Alfred Bruckner. Basel 1973. Im folgenden wird nach dieser Ausgabe zitiert.
[373] Der Memorial- und Literaturcodex von San Salvatore, Santa Giulia in Brescia, hg. von Dieter Geuenich (=MGH Libri Memoriales et necrologia. Nova Series, IV). Hannover 2000. Im folgenden wird nach dieser Ausgabe zitiert.
[374] Geuenich, Dieter: Die St. Galler Gebetsverbrüderungen. In: Vogler, Werner (Hrsg.): Die Kultur der Abtei St. Gallen. Zürich 1990. S. 30.
[375] Ebd.
[376] Libri confraternitatum Sancti Galli, Augiensis Fabariensis, hg. von Paul Piper (=MGH, Libri confraternitatis, I). Erstdruck Berlin 1884. Nachdruck München 1984. S. 136.
[377] Ebd. S. 140-141.

ches[378]. Wurden alle diese Bestimmungen ordnungsgemäß durchgeführt, so ist davon auszugehen, dass sie durch den großen Zeitaufwand den Klosteralltag entscheidend mitbestimmten. Für Murbach ist dies der einzige überlieferte Vertrag, man kann aber davon ausgehen, dass mit anderen Gemeinschaften gleiche Abkommen getroffen wurden.

7.4.2. Zeitlicher Aufbau der Murbacher Einträge im Reichenauer Verbrüderungsbuch und ihre Aussagen zur Klostergeschichte

Die ältesten und zugleich zahlreichsten Murbacher Einträge finden sich im Verbrüderungsbuch von Reichenau. Dies wird verständlich, da es sich bei den beiden Klöstern um zwei aufeinanderfolgende Gründungen Pirmins handelte. Nach seinem Wirken standen sie immer noch in enger Verbindung. So bezogen z.B. anfangs die Murbacher Mönche ihre Lehrbücher aus Reichenau[379].

Im Verbrüderungsbuch, das um 824 angelegt wurde[380], trug einer der Anlageschreiber auf pag. 44 und 45 unter der Überschrift *Nomina fratrum de monasterio quod Morbach nominatur* 229 Männernamen bis auf einen ohne Standesbezeichnung[381] ein.

Hierbei handelt es sich um eine Kompilationsliste, d.h. es wurden mehrere, vermutlich einzeln an das Kloster gesandte Verzeichnisse zu einem zusammengefügt. Uwe Ludwig hat herausgearbeitet, dass es sich um mehrere einzelne Listen aus den Amtszeiten der Äbte Keroh (793-811), Guntram (811-816) und Theodricus (816-829)

---

[378] Die genauen Bestimmungen siehe bei: Geuenich, Dieter: Die St. Gallener Gebetsverbrüderungen. S. 29.
[379] Gatrio, A.: Die Abtei Murbach im Elsass. S. 42.
[380] Angenendt, Arnold: Monarchi Peregrini. S. 75.
[381] Das Verbrüderungsbuch der Abtei Reichenau, hg. von Johanne Autenrieth, pag. 44 [A1-D5]/45 [A1-B5]. Der einzige Zusatz befindet sich bei *Baldoberti episcopi*, Bischof von Basel und Abt von Murbach.

handelt[382]. Die Aufzeichnungen fallen in die Zeit vor der Entstehung des Verbrüderungsbuches und wurden deshalb wahrscheinlich bei der Anlage um 824 zusammengeschrieben. Demnach ging Murbach etwa um 800 mit der Reichenau eine Gebetsverbrüderung ein, dazu wurde eine Liste mit Abt Keroh an der Spitze nach Reichenau gesandt, zugleich aber auch eine weitere mit den Namen der seit Mitte des achten Jahrhunderts verstorbenen Mönche.

Dass ein Teil der Aufzeichnungen Namen Verstorbener beinhaltet, wurde aus einer durchgehenden Reihe von Genitivformen geschlossen, ab dem 126. bis zum 226 Namen. Die Aufzeichnung der Toten im Genitiv benutzten z.B. genauso die Schreiber in Remiremont, davor kann das Wort *obitus* gestanden haben. Das Totenverzeichnis folgt darüber hinaus anscheinend einer weiteren Ordnung. Jeweils 32 Namen und bei der letzten Kolumne nur acht sind durch regelmäßige Abstände getrennt, an deren Spitze jeweils ein Name steht, der für das Kloster von Bedeutung war[383]. So sind die Kolumnen aufgeteilt unter *Ebrohardi*, *Baldoberti* (vermtl. ab 751-62), *Hariberti* (762-774) und *Amichoni* (774-787). Ersterer ist als Gründer der Abtei bekannt, die anderen sind durch weitere Quellen als Äbte belegt. Möglicherweise wurden die verstorbenen Äbte in der entsandten Liste an Reichenau in einer Reihe nebeneinander geschrieben und später die einfachen Mönche darunter eingefügt. Die Reichenauer Schreiber könnten die Namenreihen aber von oben nach unten abgeschrieben haben, was dazu führte, dass die Würdenträger dann untereinander standen. Hier zeigt sich deutlich, wie schwierig es ist, diese Liste zu rekonstruieren.

Die Liste der Lebenden ist nicht genau abgrenzbar, da die ersten 95 Namen in latinisierter Form auftauchen. Dann folgen einzelne Namenlisten mit Neuzugängen aus der Zeit Guntrams (811-816) oder

---

[382] Ludwig, Uwe: Murbacher Gedenkaufzeichnungen in der Karolingerzeit. S. 221-299.
[383] Geuenich, Dieter: Frühmittelalterliche Listen geistlicher Gemeinschaften. S. 278.

erst aus der Zeit seines Nachfolgers Theodricus, der die gesamte Liste anführt.

Diese große Liste hat in der Forschung zu einigen Spekulationen geführt, da gehofft wurde, darin den Gründungskonvent Murbachs zu finden. So glaubte Franz Beyerle, diesen gesichtet zu haben[384]. Ausgangspunkt seiner Überlegungen war der 158. Eintrag *Baldoberti Episcopus*. Damit war Abt Baldobert gemeint, der zugleich das Amt des Bischofs von Basel innehatte. Wahrscheinlich wurde er 751 zum Abt gewählt[385]. Sein Name findet sich auch bei den Unterzeichnern der Gebetsverbrüderung von Attigny[386]. Daher schloss Beyerle, dass Baldobert bereits 762 eine Konventsliste nach Reichenau geschickt habe. Zusätzlich sei noch eine Liste der bis dahin verstorbenen Mönche mitgesandt worden, die vor der Baldobert-Liste eingetragen wurde. Für ihn begann deshalb die älteste Murbacher Liste unter dem 126. Namen, Eberhard, in dem er den Gründer ausmachte. Diese Namen wiederum hielt er für rein westfränkisch, der Gründungskonvent stammte für ihn eindeutig aus dem westfränkischen Bereich[387]. In dieser These wurde er zunächst von einigen Historikern unterstützt[388].

Diesen Behauptungen gegenüber sind heute allerdings einige Zweifel entgegengebracht worden. Ein großer Kritikpunkt an der Arbeit Beyerles ist die formale Analyse der Listen. Wie bereits deutlich wurde, sind die Listen unabhängig von der kontroversen Datierung nicht direkt nach ihrer Entsendung in das Buch eingetragen worden. Da die Schreiber sie erst viele Jahre kopierten, können die ur-

---

[384] Beyerle, Franz: Bischof Perminus und die Gründung der Abteien Murbach und Reichenau. S. 129-213.
[385] Ludwig, Uwe: Murbacher Gedenkaufzeichnungen in der Karolingerzeit. S. 238.
[386] Cocilium Attiniacense, hg. von Albert Werminghoff. S. 72-73.
[387] Beyerle, Franz: Bischof Perminus und die Gründung der Abteien Murbach und Reichenau. S. 137.
[388] Himly, Jean François: Recherches récentes sur les origines de l'abbaye de Murbach. S. 191f.

sprünglichen Namenformen durch spätere Modernisierungstendenzen verändert worden sein[389]. Außerdem gab es im achten Jahrhundert eine Latinisierungsbewegung, d. h. man ging dazu über, die Namen alle zu latinisieren und zu vereinheitlichen[390]. Einer solchen Liste genaue Annahmen über die Herkunft der Mönche zu entnehmen, scheint folglich sehr problematisch. Franz Beyerle hat darüber hinaus die Quelle nicht richtig ausgewertet. Die Zusammensetzung, die einzelnen Bestandteile und den möglichen Redaktionszeitpunkt bestimmte er nicht. So konnte er nicht erkennen, dass es sich nicht um eine einheitliche Liste handelte. Aussagen über den Gründungskonvent können folglich nicht entnommen werden. Pirmin und der Abt Romanus fehlen in dieser Liste, sein Nachfolger Baldobert ist die älteste bestimmbare Person, möglich wäre, dass zumindest ein Teil der Mönche des Gründungskonvents unter den Toten verzeichnet ist, sie können aber nicht mehr genau ausgemacht werden.

Den Höhepunkt der Beziehungen zwischen den beiden Klöstern bringt eine weitere Liste auf pag. 45 zum Ausdruck. In dieser wurden unter Abt Sigimar (829-840), der sich auch als Unterzeichner des Diploms Lothars I. von 840 für Luzern wiederfindet[391], vermutlich in den 30er Jahren des neunten Jahrhunderts 86 Konventsmitglieder eingeschrieben. Danach folgen ebenfalls viele Eintragungen, was darauf verweist, dass die Beziehungen besonders eng blieben[392]. Die Zahl der Mönche aus Sigimars Konvent läßt darauf schließen, welche Bedeutung und Ausmaße das Kloster in dieser Blütezeit angenommen haben muss. An dieser Stelle zeigt sich ein die Bedeutung der Verbrüderungslisten, die als Quelle zur Klostergeschichte unentbehrlich sind.

---

[389] Angenendt, Arnold: Monarchi Peregrini. S. 78. Vgl. auch Ludwig, Uwe: Murbacher Gedenkaufzeichnungen in der Karolingerzeit. S. 223.
[390] Ludwig, Uwe: Murbacher Gedenkaufzeichnungen in der Karolingerzeit. S. 223.
[391] Regesta Alsatiae, hg. von Albert Bruckner. S. 325. Nr. 516.
[392] Ludwig, Uwe: Murbacher Gedenkaufzeichnungen in der Karolingerzeit. S. 223.

Eine weitere Liste befindet sich ebenfalls auf pag. 45. Sie wurde dort neben der ersten und zweiten Kolumne nachträglich eingetragen, als die Seite bereits stark gefüllt war. Dort findet sich unter dem Namen *Cozpoto* kein vollständiges Konventsverzeichnis, sondern es sind 48 Neueintragungen verzeichnet. Die Namen stimmen kaum mit denen des Sigimar-Konvents überein. Anhand statistischer Auswertungen konnte ermittelt werden, dass dieser Eintrag etwa 15 bis 20 Jahre nach dem Sigimar-Konvent erfolgte[393]. Da sich die verbrüderten Gemeinschaften immer um Vollständigkeit ihrer Verzeichnisse bemühten, wirft die Lücke Fragen auf. Offensichtlich müssen in diesem Zeitraum die Kontakte zum Erliegen gekommen sein. Deutlich wird die Situation, wenn der politische Hintergrund zur Kenntnis genommen wird. Die Beziehungen der Klöster wurden nämlich während der Auseinandersetzungen um das Erbe Ludwigs des Frommen in der Karolingerdynastie unterbrochen. Im Vertrag von Verdun 843, in dem das Reich unter den Söhnen Ludwigs des Frommen, Lothar I., Ludwig dem Deutschen und Karl II., geteilt wurde, kam das Elsass in den Besitz Lothars I. Reichenau dagegen lag im Gebiet Ludwigs des Deutschen. Reichenau konzentrierte sich in ihren Gebetsbeziehungen nun vorwiegend auf das ostfränkische Reich, die Verbindungen zum Elsass rissen durch die Teilung ab. Die These wird z.B. auch durch Ebersmünster bestätigt, denn in diesem Zeitraum finden sich keine neuen Einträge mehr im Reichenauer Verbrüderungsbuch[394].

Ludwig der Deutsche hatte jedoch Ambitionen, seine Macht im Westen des Reiches auszuweiten[395]. So kam es unter Lothars II., dem Sohn Lothar I., in dessen Bereich das Elsass fiel, um 860 zur Abtretung des Elsass an Ludwig, die durch den Vertrag von Meer-

---

[393] Ebd. S. 269.
[394] Ludwig, Uwe: Murbacher Gedenkaufzeichnungen in der Karolingerzeit. S. 269.
[395] Eine ausführliche Beschreibung der Tätigkeiten Ludwigs des Deutschen siehe bei: Büttner, Heinrich: Geschichte des Elsass. Bd. 1. S. 133.

sen 870 dauerhaft wurde[396]. Danach erfolgte die Wiederaufnahme der Gebetsbeziehungen, wie die um 860 entstandene Cozpoto-Liste zeigt. Anhand der Liste kann folglich deutlich gemacht werden, welche Einwirkungen die Politik auf die Beziehungen der Klöster hatte.

Eine weitere Murbacher Liste befindet sich an einer nicht dafür vorgesehenen Stelle im Reichenauer Verbrüderungsbuch. Offensichtlich waren die für Murbach reservierten Seiten bereits vollgeschrieben. So befinden sich Murbacher Namen auf pag. 69, einer ursprünglich wohl dem Kloster St. Faron de Meaux (*Nomina fratrum de monasterio quod Crux Sancta nominatur*) vorbehaltenen Seite.[397] Dort sind 81 Namen aufgezeichnet, die von einem *Friderih* (Abt Friederich 877-886) angeführt werden. Zwar ist dieser nicht als Abt gekennzeichnet, dennoch konnte durch einen Vergleich mit anderen Listen aus Remiremont ermittelt werden, dass er Abt in Murbach war[398]. Er wurde im Zusammenhang mit Murbach auch durch zwei Urkunden von 877 und 886 in den Quellen bestätigt[399]. In der Liste zeigt die große Mönchszahl die weiterhin bedeutende Stellung des Klosters. Unter Friedrich kam es noch einmal zu einem großen Aufschwung in der Verbrüderungsbewegung des Klosters, dies wird durch weitere Listen in anderen Verbrüderungsbüchern deutlich, die im folgenden genauer in Betrachtung genommen werden sollen.

---

[396] Regesta Alsatiae, hg. von Albert Bruckner. S. 357. Nr. 583.
[397] Das Verbrüderungsbuch der Abtei Reichenau, hg. von Johanne Autenrieth. pag. 69 $^{A1\text{-}B3}$.
[398] Geuenich, Dieter: Frühmittelalterliche Listen geistlicher Gemeinschaften. S. 184 f.
[399] Regesta Alsatiae, hg. von Albert Bruckner. S. 365. Nr. 598. und S. 376. Nr. 621.

7.4.3. Weitere mit Murbach verbrüderte Gemeinschaften

Mehrere Listen Murbacher Mönche finden sich auch im Verbrüderungsbuch von Remiremont[400]. Zwischen 820/21 beschlossen die dortigen Nonnen, ein Verbrüderungsbuch anzulegen[401]. Auf fol. 42ᵛ unter der Überschrift *Nomina fratrum Morbaccensium viventium* sind die Namen *Marcus abb(as), Recco abb(as), Electus, Eti* und *Oslaib* eingetragen. Es handelt sich hierbei zwar nur um eine kleine Liste, dennoch ist sie von Bedeutung. Ein Vergleich der Namen mit den Aufzeichnungen aus dem Reichenauer Verbrüderungsbuch hat ergeben, dass sich ihre Entstehungszeit in etwa kurz nach der Redaktion des Sigimar-Verzeichnisses bewegt[402]. Die Liste ist also entstanden, als die Beziehungen zwischen Reichenau und Murbach zeitweilig zum Erliegen gekommen waren. Murbach suchte nach Alternativen im Westfränkischen Reich und fand sie in Remiremont. Die Wahl ist nachvollziehbar, denn es existierten schon früher Beziehungen zwischen den beiden Klöstern durch den in Remiremont verweilenden Grafen Eberhard.

Unter Abt Friedrich wurden die Beziehungen weiter beibehalten. Dies wird durch eine große Liste deutlich, die wahrscheinlich während seiner Amtszeit um 885 nach Remiremont geschickt wurde[403]. Die Aufzeichnungen heben sich vom Rest des Buches ab, da sie auffällig ausgeschmückt sind. Vermutlich wurden sie in diesem Zustand aus Murbach geschickt und dann in den Codex eingebun-

---

[400] Liber Memorialis von Remiremont, hg. von Eduard Hlawitschka. Fol. 58-63.

[401] Ausführlicher zur Entstehung und Aufbau siehe: Tellenbach, Gerd: Der Liber Memorialis von Remiremont. Zur kritischen Erforschung und zum Quellenwert liturgischer Gedenkbücher. In: Tellenbach, Gerd: Ausgewählte Abhandlungen und Aufsätze. Bd. 2. Stuttgart 1988. S. 440.

[402] Ludwig, Uwe: Murbacher Gedenkaufzeichnungen in der Karolingerzeit. S. 247.

[403] Geuenich, Dieter: Frühmittelalterliche Listen geistlicher Gemeinschaften. S. 279. Siehe auch Ludwig, Uwe: Murbacher Gedenkaufzeichnungen in der Karolingerzeit. S. 229.

den[404]. Auch die Überschrift *nostrorum defunctorum* weist darauf hin. Die Liste umfasst insgesamt 418 Namen im Genitiv, die anders als in Reichenau nach Ämtern geordnet wurden, d.h. an erster Stelle steht der Gründer Eberhard, dann Pirmin, anschließend folgen bis zur Position 15 alle anderen Äbte in der Reihenfolge ihrer Amtszeit, der letzte ist Sigimar. Darauf sind 403 Mönche eingezeichnet. Die große Anzahl und die inhaltliche Bestimmung ergaben, dass die Liste mindestens einen Zeitraum von 120 Jahren umfasst[405]. Um eine solche Liste überhaupt erstellen zu können, diente vermutlich eine Totenliste als Grundlage, die die Schreiber dann kopierten. Aufgrund der Anordnung kann diese Liste ebenfalls keine Auskunft über den Gründungskonvent geben. Sie ist aber dennoch eine wichtige Quelle, da es mit ihrer Hilfe möglich wurde, die Reihe der ersten Äbte auf ein sicheres Fundament zu stellen[406]. Bei einem Vergleich mit den ersten Äbten fällt auf, dass Egilmar überall in den Listen fehlt. Möglicherweise ist das ein Indiz dafür, das die Mönche ihn nach seiner kommissarischen Ernennung durch Karl den Großen nicht als rechtens anerkannten[407]. Innerklösterliche Streitigkeiten und Strukturen werden durch die Liste offenbart. Darüber hinaus zeigt sie, dass auch hier das Gedächtnis an die Gründerpersönlichkeit Eberhard hochgehalten wurde.

Unter Abt Friederich finden sich ebenso die ersten Eintragungen im *Liber Viventium* von Pfäfers[408]. Der Codex wurde um 800 in der

---

[404] Angenendt, Arnold: Monarchi Peregrini. S. 79.

[405] Ludwig, Uwe: Murbacher Gedenkaufzeichnungen in der Karolingerzeit. S. 243.

[406] Zu eine ausführliche Rekonstruktion der Äbtereihe siehe Bruckner, Anton: Untersuchungen zur älteren Abtreihe des Reichsklosters Murbach. Vgl. auch die Äbteliste in: Heitzler, Albert/Wilsdorf Christian: Artikel Murbach. S. 875 ff.

[407] Bruckner, Anton: Untersuchungen zur älteren Abtreihe des Reichsklosters Murbach. S. 33.

[408] Liber Viventium Fabariensis. Faksimile Edition, hg. von Alfred Bruckner. pag. 42.

Form eines Evangelistars angelegt[409]. Auf pag. 42 sind dort 17 Namen von sowohl lebenden als auch verstorbenen Mönchen eingeschrieben. Möglicherweise sind dabei einige Laien hinzugenommen worden[410]. Außerdem sind unter Friederich weitere 15 Namen im Verbrüderungsbuch des Klosters Santa Giulia in Brescia eingetragen worden[411]. Dabei handelt es sich um Mönche, die nach einem bestimmten, noch nicht bekannten Kriterium ausgewählt wurden, und möglicherweise wiederum um einige Laien[412]. Wie oben gezeigt, ist Friederich ebenfalls bekannt als Unterzeichner eines Vertrages zwischen Murbach und St. Gallen. Aufgrund der hohen Verluste im St. Galler Verbrüderungsbuch ist jedoch nicht klar, ob es nicht bereits vorher einen Listenaustausch gegeben hat[413]. Es bleibt festzuhalten, dass es unter Friederich zu einer deutlichen Zunahme der Gebetsverbrüderungen Murbachs kam, also in jener Zeit, in der das Kloster eine Blütezeit erlebte.

---

[409] Geuenich, Dieter: Die ältere Geschichte von Pfäfers im Spiegel der Mönchslisten des Liber Viventium Fabariensis. In: Frühmittelalterliche Studien 9 (1975). S. 229.
[410] Ludwig, Uwe: Murbacher Gedenkaufzeichnungen in der Karolingerzeit. S. 277.
[411] Der Memorial- und Literaturcodex von San Salvatore, Santa Giulia in Brescia, hg. von Dieter Geuenich, fol. 35^v.
[412] Ludwig, Uwe: Murbacher Gedenkaufzeichnungen in der Karolingerzeit. S. 278.
[413] Geuenich, Dieter: Elsassbeziehungen in den St. Gallener Verbrüderungsbüchern. S. 109.

8. Die Monasterien der Etichonen als typische frühmittelalterliche Klostergründungen

Diese Arbeit versuchte zu zeigen, welche vielschichtigen Faktoren die Klostergründungen der Etichonen bestimmten. Als militärische Verwalter des Elsass arbeitete die Familie daran, sich dort eine feste Basis zu schaffen, wozu die Klostergründungen dienlich waren. Zunächst einmal erwiesen sich die Stiftungsurkunden und alle weiteren mit den Klöstern verbundenen Zeugnisse aufgrund der schlechten Quellenlage als wichtigster Ausgangspunkt, um etwas über die Familie in Erfahrung bringen zu können. Sie gaben Aufschluss über den Aufbau und die Entwicklung des Geschlechts von Eticho bis hin zu dessen Nachfahren Hugo von Tours, dem Schwiegervater des Kaisers. Die Angaben der Genealogie aus dem 15. Jahrhundert konnten bis auf wenige weit entfernte Verwandte alle durch urkundliche Belege bestätigt werden. Vor allem zeigten die Schenkungen die Besitzverhältnisse, die sich über das ganze Elsass und darüber hinaus erstreckten und den damit zugleich verbundenen Einflussbereich der einzelnen Persönlichkeiten. Gerade die beiden letzten Gründungen, Honau und Murbach, wurden am reichsten ausgestattet, was auf das Bestreben deutete, den Besitz zu sichern.

In wesentlichen Punkten zeigten sich bei den Stiftungen der Etichonen die gleichen Absichten, wie sie generell für die Klostergründungen des Frühmittelalters üblich waren. Bei allen Gründungen waren die Etichonen bemüht, die Oberhand über das Kloster zu behalten. Das zeigte sich z. B in Hohenburg und St. Stephan an der Einsetzung einer Klostervorsteherin aus der eigenen Familie, in Hohenburg war es Odilia und in St. Stephan Attala. Die Unabhängigkeitsbestrebungen wurden bei Honau und Murbach noch deutlicher. Honau besaß einen eigenen Klosterbischof und war fast unabhängig vom Bischof, Murbach hingegen erhielt als eines der wenigen Klöster im gesamten Frankenreich die große Freiheit, was die völlige Unabhängigkeit vom Diözesanbischof zur Folge hatte.

Weitere Kriterien für eine Klostergründung waren politische und militärische Absichten. Bei den Etichonen trifft dies bei der Wahl der Standorte zu. Sie spiegelten zugleich den Einflussbereich der Familie in den einzelnen Regionen des Elsass wider. Hohenburg, die erste Stiftung Etichos, bildete den nördlichsten Punkt des Herrschaftsgebiets. Mit seiner exponierten Lage auf dem Berg war es besonders geeignet als Aussichts- und Verteidigungspunkt. Das Kloster des Sohnes Adalbert, St. Stephan in Straßburg, zeigte die Ausdehnung des Einflusses des Herzogs bis in die ehemalige Römerstadt. Murbach, die letzte große Stiftung, grenzte das Gebiet im Süden ein und dehnte durch eine gezielte Güterpolitik den Einfluss der Familie bis zu den Alpenpässen aus.

Die Stiftungen brachten den Etichonen auch wirtschaftliche Vorteile. Mit ihrer Rodungs- und Kultivierungstätigkeit leisteten vor allem die Mönche von Ebersheimmünster und Murbach einen großen Beitrag zur Erschließung der westlichen Vogesen, der Konvent von Honau machte z.B. eine ganze Insel bewohnbar. Darüber hinaus verliehen die Klöster zahlreiche Güter als Präkarien gegen Zins und erzielten somit weiteres Kapital. Gerade für Murbach konnte diese Praxis anhand von Quellen gut belegt werden.

Die Verleihung zahlreicher Privilegien in der Karolingerzeit veranschaulichte den politischen Umschwung im Frankenreich. Nachdem die Alemannen endgültig besiegt worden waren, war das Elsass nicht mehr länger ein Grenzland, das geschützt werden musste. Ob das Herzogtum gewaltsam beseitigt wurde oder ob es einfach mit der Kinderlosigkeit des letzten Herzogs Luitfried verschwand, muss dahingestellt bleiben. Auf jeden Fall war eine Verteidigung nicht mehr notwendig, da sich das Elsass zum Binnenland innerhalb des Reiches entwickelte. Die zahlreichen Königsurkunden zeigten im folgenden, dass alle etichonischen Klostergründungen nach dem Verschwinden des Herzogtums den Schutz der aufstrebenden Karolinger erfuhren. Dadurch konnten sich die Hausmeier und späteren Könige selbst alle Vorteile der etichonischen Monasterien aneignen.

Mit den Klostergründungen verfolgten die Etichonen jedoch nicht nur weltliche Interessen. Wie für viele Adelige des Mittelalters spielten für sie religiöse Aspekte eine genauso große Rolle. Die Gründungen wurden mit zahlreichen Reliquien ausgestattet, Honau beispielsweise mit Überresten der heiligen Brigida von Kildare, was zur Verbreitung des Kultes in der gesamten Region führte. Murbach erhielt den Kopf des Heiligen Leodegar, der insofern wichtig war, als Leodegar durch verwandtschaftliche Beziehung zu den Etichonen die Familie selbst aufwertete. In den anderen Klöstern wurden weitere Familienmitglieder nach ihrem Tod zu Heiligen erhoben und stärkten so das Ansehen der Etichonen sogar noch nach dem Ende ihrer Herzogswürde. Davon zeugen die Viten, Gegenstände und Reliquien der heiligen Attala und Odilia, die schließlich zur Patronin des Elsass aufstieg. Hohenburg und St. Stephan dienten außerdem als Grablege ihrer Stifter.

Ein weiterer religiöser Aspekt für die Stiftung eines Klosters findet sich ebenfalls bei den Etichonen: die Vorsorge für das Seelenheil, um nach dem Tod nicht für die Sünden bestraft zu werden. Dieser Wunsch wurde in einigen Stiftungsurkunden ausdrücklich erwähnt. In diesen Zusammenhang gehörte auch die Praxis der Fürbitten und des Erinnerns an die verstorbenen Personen durch den Konvent des eigenen Klosters. In Bezug auf diesen Punkt ließen sich zahlreiche Belege für die etichonischen Stifter finden. Allen Stiftern wurde an einen Tag im Jahr gedacht. Diese Tradition setzte man bis ins hohe Mittelalter fortgesetzt. Der Gründer Murbachs, Eberhard, lässt sich noch viele Jahre nach seinem Tod in Verbrüderungslisten wiederfinden.

Die Verbrüderungslisten der etichonischen Klöster waren ein weiterer Bereich, der in diese Arbeit mit einfloss. Diese Quellen wurden hinzugenommen, da sie die anderen Zeugnisse zu den Klostergründungen bestätigen oder erweitern konnten. So wurden einige Aussagen der Ebersheimer Chronik bezüglich der Äbte von Ebersheimmünster dadurch gestützt und für St. Stephan die Angaben eines Diplomes Lothars I. bestätigt. Weiterhin lieferten sie Informationen zum Aufbau des St. Stephaner Konvents während der Karolingerzeit. Den Machtwechsel innerhalb der Klosterleitung von den Etichonen hin zu den Erchangaren machten sie ebenfalls deutlich.

Die meisten Informationen konnten den Verbrüderungslisten Murbachs entnommen werden, weshalb sie detaillierter betrachtet werden mussten. Zwar lieferten sie keine Angaben zu dem Gründungskonvent, bestätigten aber die durch andere Quellen erwiesenen Äbte. Die Verbrüderungen mit den bedeutenden Klöstern Reichenau und St. Gallen und eine Ausweitung der Beziehungen bis nach Brescia in Italien machten die herausragende Stellung des Klosters deutlich. Außerdem botem die Aufzeichnungen ungefähre Angaben zur Konventsgröße, so ergab sich, dass zur Blütezeit des Klosters im neunten Jahrhundert etwa 80 bis 90 Mönche dort lebten. Deutlich wurde auch, dass zu der Zeit, als das Elsass zum karolingischen Westreich gehörte, die Verbindungen mit dem im Ostreich befindlichen Inselkloster abrissen. So konnten auch politische Vorgänge durch die Verbrüderungslisten belegt werden.

Obwohl sich die Stiftungen der Etichonen als typische Klostergründungen des Frühmittelalters definieren lassen, zeigten sie dennoch zahlreiche Besonderheiten, vor allem, da anhand der Entwicklung der Klöster Aufstieg und Niedergang des etichonischen Herzogtums nachvollzogen wurden.

Abkürzungsverzeichnis

Bd.	=	Band
Ders.	=	Derselbe
Ebd.	=	Eben dort
ElsaßLoth.Jb	=	lsaß Lothringisches Jahrbuch
fol.	=	Folio
hg.	=	herausgegeben
Hrsg.	=	Herausgeber
HZ	=	Historische Zeitschrift
Lex. Ma.	=	Lexikon des Mittelalters
NF	=	Neue Folgen
MIÖG	=	Mitteilungen des Vereins für österreichische Geschichte
pag.	=	pagina
RA	=	Revue d` Alsace
vgl.	=	vergleiche
ZGORh	=	Zeitschrift für Geschichte des Oberrheins

Quellen und Literaturverzeichnis:

1. Quellen

Annales Morbacenses, hg. von Walter Lendi. (Untersuchungen zur frühalemannischen Annalistik, die Murbacher Annalen mit Edition). Freiburg 1971.

Chronicon Ebersheimense, hg. von Ludwig Weiland (MGH=Scriptores Rerum Merovingicarum, XXIII.). Erstdruck Hannover 1874. Unveränderter Nachdruck Stuttgart 1963. S. 427-453.

Concilium Attiniacense, hg. von Albert Werminghoff (MGH=Concilia aevi Karolini I,I). Erstdruck Hannover 1906. Unveränderter Nachdruck: Hannover 1979. S. 72-73.

Concilium Dingolfingense, hg. von Albert Werminghoff (MGH=Concilia aevi Karolini I,I). Erstdruck Hannover 1906. Unveränderter Nachdruck: Hannover 1979. S. 93-97.

Das Verbrüderungsbuch der Abtei Reichenau. Einleitung, Register, Faksimile, hg. von Johanne Authenrieth, Dieter Geuenich und Karl Schmid (=MGH Libri Memoriales et Necrologia. Nova Series, I). Hannover 1979.

Der Memorial- und Literaturcodex von San Salvatore, Santa Julia in Brescia, hg. von Dieter Geuenich und Uwe Ludwig (=MGH Libri Memoriales et necrologia. Nova Series, IV). Hannover 2000.

Die Bibel. Altes und Neues Testament. Einheitsübersetzung. Freiburg 1980.

Diplomata regum Francorum e stirpe Merovingica, Childericus II., hg. von Georg Heinrich Pertz (=MGH Diplomatum regnum francorum e stirpe merovingica, I). Erstdruck Hannover 1872. Unveränderter Nachdruck Stuttgart 1965.

Diplomata Regum Francorum e stirpe Merovingica, Theudericus III. (=MGH Diplomatum regnum francorum e stirpe merovingica, I), hg. von Georg Heinrich Pertz Erstdruck Hannover 1872. Unveränderter Nachdruck Stuttgart 1965.

Germania Pontificia III, Regesta Pontificorum Romanorum, Provincia Maguntinensis, Dioeceses Strassburgensis, Spirensis, Wormatiensis, Wirciburgensis, Bambergensis, hg von Albert Brackmann. Erstdruck Berlin 1935. Neudruck Berlin 1960.

Herimanni Augiensis Chronicon a. 1-1054, hg von Georg Heinrich Pertz (MGH=Scriptorum Rerum Merovingicarum, V). Erstdruck Hannover 1844. Unveränderter Nachdruck Hannover 1968. S. 67-133.

Liber Memorialis von Remiremont, hg. von Eduard Hlawitschka (=MGH Antiquates, Libri memorialis, I). Dublin 1970.

Liber Viventium Fabariensis. Faksimile Edition, hg. von Alfred Bruckner. Basel 1973.

Libri confraternitatum Sancti Galli, Augiensis, Fabariensis, hg. von Paul Piper (=MGH Libri confaternitatum). Hannover 1884. Unveränderter Nachdruck 1984.

Martyrologium ecclesiae germanicae pervetustum, quod per septingentos annos delituit, in publicum nunc prodit, hg. von Matthias Friederich Beck, Augsburg 1687. Neu herausgegeben unter dem Titel: Calendarium historico-christianum medii et novi aevi, hg. von Anton Joseph Weidenbach. Regensburg 1855.

Notitia de servitio monasteriorum 817, hg. von Alfred Boretius (MGH=Capitualria Regnum Francorum,1). Erstdruck Hannover 1883. Unveränderter Nachdruck Hannover 1984. S. 350-353.

Regesta Alsatiae aevi Merovingici et Karolini 496-918. Bd. 1. Quellenband, hg. von Albert Bruckner. Straßburg 1949.

Thegani Vita Hludovici imperatoris, hg. von Georg Heinrich Pertz (=MGH, Scriptores Rerum Merovingicarum, II). Erstdruck Hannover 1829. Unveränderter Nachdruck Leipzig 1925. S. 585-603.

Vita Attalae abatissae Statoburgensis, konnte nicht aufgefunden werden. Die Angaben die Franz Vollmer (Die Etichonen S. 147) dazu gibt, sind falsch.

Vita Germani Abbatis Grandivallensis, hg. von Bruno Krusch (=MGH, Scriptorum Rerum Merovingicarum, passiones vitaeqe sanctorum aevi merovingici, V). Erstdruck Hannover 1910. Nachdruck Hannover 1979 S. 25-40.

Vita Odiliae abbatissae Hohenburgensis. hg. von Wilhelm Levison (=MGH, Scriptores Rerum Merovingicarum, passiones vitaeque sanctorum aevi merovingici I, VI). Erstdruck Hannover 1913. Unveränderter Nachdruck Hannover 1979. S. 24-50.

Vita Salabergae abbatissae Laudunensis hg. von Brundo Krusch (MGH=Scriptorum rerum Merovingicarum, passiones vitaeque sanctorum aevi merivingici, V). Erstdruck Hannover 1910. Unveränderter Nachdruck Hannover 1979. S. 40-66.

Vita S. Pirmini, hg. von Hermann Waitz (=MGH Scriptorum Rerum Germanicarum, XV). Erstdruck Hannover 1887. Unveränderter Nachdruck Stuttgart 1963. S. 21-31.

2. Literatur

Angenendt, Arnold: Monarchi Peregrini. Studien zu Pirmin und den monastischen Vorstellungen des frühen Mittelalters. München 1972. (=Münstersche Mittelalter-Schriften 6)

Angenendt, Arnold: Pirmin und Bonifatius. Ihr Verhältnis zum Mönchtum, Bischofsamt und Adel zur Gründungszeit des Klosters Reichenau. In: Borst, Arno (Hrsg.): Mönchtum, Episkopat und Adel zur Gründungszeit des Klosters Reichenau. Sigmaringen 1974. S. 251-304.

Barth, Medart: Das verschollene Chartular des Iroschottenklosters Honau. In: Archives de l'église d'Alsace (Archiv für elsässische Kirchengeschichte) 9 (1958). S. 209-210.

Barth, Medart: Die Heilige Odilia Schutzherrin des Elsass. Ihr Kult in Volk und Kirche. Bd. 1. Straßburg 1938.

Barth: Medart: Die Legende und Verehrung der heiligen Attala, der ersten Äbtissin von St. Stephan in Straßburg. In: Burg, André Marcel (Hrsg.): Archives de l' église d' Alsace (Archiv für Elsässische Kirchengeschichte) 2 (1927). S. 89-110.

Beyerle, Franz: Bischof Perminus und die Gründung der Abteien Murbach und Reichenau. In: Zeitschrift für Schweizerische Geschichte 27 (1947). S. 129-213.

Bieler, Ludwig: Artikel Odilla. In: Lexikon für Theologie und Kirche. Bd. 7. Freiburg 1959. Sp. 1096.

Borgolte, Michael: Die Geschichte der Grafengewalt im Elsass von Dagobert I. bis Otto dem Großen. In: ZGORh 131 (1983). S. 3-54.

Bornert, René: Artikel Odilienberg. In: Lex Ma. Bd. 6. München 1993. Sp. 1350-51.

Bruckner, Anton: Untersuchungen zur älteren Abtreihe des Reichsklosters Murbach. In: ElsaßLoth.Jb. 16 (1937). S. 31-56.

Burg, André Marcel: Artikel Ebersmünster. In: Archives de l' église d' Alsace (Archiv für elsässische Kirchengeschichte) 27 (1960). Sp. 313-318.

Burg, André Marcel: Artikel Ebersmünster. In: Lexikon für Theologie und Kirchengeschichte. Bd. 3. Freiburg 1959. Sp. 633.

Burg, André Marcel: Artikel Honau. In : Archives de l` eglise d` Alsace (Archiv für elsässische Kirchengeschichte) 28 (1961). Sp. 599-602.

Burg, André Marcel: Artikel Honau, In: Germania Benedictina. Baden-Württemberg 5 (1975). S. 313-317.

Burg, André Marcel: Artikel Murbach. In: Archives de l`eglise d`Alsace (Archiv für elsässische Kirchengeschichte) 28 (1961). Sp. 886-898.

Burg, André Marcel: Artikel Odilienberg. In: Archives de l`église d`Alsace (Archiv für elsässische Kirchengeschichte) 28(1961). Sp. 1013-1016.

Burg, André Marcel: Artikel Odilienberg. In: Lexikon für Theologie und Kirchengeschichte. Bd. 7. Freiburg 1962. Sp. 1097.

Burg, André Marcel: Artikel St. Stephan in Straßburg. In: Archives de l` église d` Alsace (Archiv für elsässische Kirchengeschichte) 29 (1962-63). Sp. 1485-1502.

Burg, André Marcel: Das elsässische Herzogtum. Ein Überblick. In: ZGORh 117(1969). S. 83-95.

Burg, André Marcel.: Le duché d` Alsace au temps de Sainte Odile. Woerth 1959.

Büttner, Heinrich: Christentum und fränkischer Staat in Alemannien und Rätien während des 8. Jahrhunderts. Erstdruck in: Zeitschrift für Schweizerische Kirchengeschichte 43 (1949). 1-27 und 132-150. Jetzt in: Büttner, Heinrich: Frühmittelalterliches Christentum und fränkischer Staat zwischen Hochrhein und Alpen. 3. Aufl. Darmstadt 1973. S. 7-54.

Büttner, Heinrich: Die Entstehung der Konstanzer Diözesangrenzen. Erstdruck in: Zeitschrift für Schweizerische Kirchengeschichte 48 (1954). S. 225-274. Jetzt in: Büttner, Heinrich: Frühmittelalterliches Christentum und fränkischer Staat zwischen Hochrhein und Alpen. 3. Aufl. Darmstadt 1973. S. 55-106.

Büttner, Heinrich: Geschichte des Elsass Bd. 1. Politische Geschichte des Landes von der Landnahmezeit bis zum Tode Ottos III. Ausgewählte Beiträge zur Geschichte des Elsass in Früh- und Hochmittelalter. Sigmaringen 1991.

Büttner, Heinrich: Studien zur Geschichte des Stiftes Hohenburg im Elsass während des Hochmittelalters. In: ZGORh 91, NF 521 (1938) S. 103-138.

Claus, Joseph M. B.: Die Heiligen des Elsass in ihrem Leben, ihrer Darstellung, ihrer Verehrung und ihrer Darstellung in der Kunst. Düsseldorf 1935. (=Forschungen zur Volkskunde 18/19)

Dopsch, Alfons: Die Ebersheimer Urkundenfälschungen und ein bisher unbeachtetes Dienstrecht aus dem 12. Jahrhundert. In: MIÖG 19 (1898). S. 577-614.

Eberl, Immo: Artikel Honau. In: Lex Ma. Bd. 5. München 1991. Sp. 116.

Eberl. Immo: Das Iren-Kloster Honau und seine Regel. In: Löwe, Heinz (Hrsg.): Die Iren und Europa im frühen Mittelalter. Bd. 1 Stuttgart 1982. S. 219-238.

Ebner, Adalbert: Die klösterlichen Gebetsverbrüderungen bis zum Ausgange des karolingischen Zeitalters. Eine kirchengeschichtliche Studie. Regensburg 1890.

Ewig, Eugen: Die fränkischen Teilreiche im 7. Jahrhundert (613-714). In: Spätantikes und fränkisches Gallien Bd. 3/1. München 1976. (=Beihefte der Francia 3/1) S. 172-230.

Ewig, Eugen: Beobachtungen zu den Klosterprivilegien des 7. und frühen 8. Jahrhunderts. In. Spätantikes und fränkisches Gallien Bd. 3/2 München 1976. (=Beihefte der Francia 3/2) S. 411-426.

Ewig, Eugen: Beobachtungen zur Entwicklung der Fränkischen Reichskirche unter Chrodegang von Metz. In: Frühmittelalterliche Studien. Jahrbuch des Instituts für Frühmittelalterforschung der Universität Münster 2 (1968) S. 67-77.

Feld, Otto: Artikel Murbach. In: Lexikon für Theologie und Kirche. Bd. 7. Freiburg 1962. Sp. 693-694.

Frank, Hieronymus: Die Klosterbischöfe des Frankenreiches. Geschichte des alten Mönchtums. München 1932. (=Beiträge zur Geschichte des Mönchtums und des Benediktinerordens 17)

Frank, Karl Suso: Artikel Honau. In: Lexikon für Theologie und Kirchengeschichte. Bd. 5. Freiburg 1996. Sp. 216.

Gall, Jecker: St. Pirmins Erden- und Ordensheimat. In: Archiv für Mittelrheinische Kirchengeschichte 5 (1953) S. 9-41.

Gatrio, A.: Die Abtei Murbach im Elsass. Nach Quellen bearbeitet. Straßburg 1895.

Geuenich, Dieter: Die ältere Geschichte von Pfäfers im Spiegel der Mönchslisten des Liber Viventium Fabariensis. In: Frühmittelalterliche Studien 9 (1975). S. 226-253.

Geuenich, Dieter: Die St. Galler Gebetsverbrüderungen. In: Vogler, Werner (Hrsg.): Die Kultur der Abtei St. Gallen. Zürich 1990. S. 29-36.

Geuenich, Dieter: Elsassbeziehungen in den St. Galler Verbrüderungsbüchern. In: Ochsenbein, Peter; Ziegler, Ernst (Hrsg.): Codices Sangallenses. Festschrift für Johannes Duft zum 80. Geburtstag. Sigmaringen 1995. S. 105-116.

Geuenich, Dieter: Frühmittelalterliche Listen geistlicher Gemeinschaften. Versuch einer prosopographischen, sozialgeschichtlichen und sprachhistorischen Erschließung mit Hilfe der EDV, Habilitationsschrift (Maschinenschrift) Freiburg 1980.

Geuenich, Dieter: Richkart ancilla dei de caenobio Sancti Stephani. Zeugnisse zur Geschichte des Straßburger Frauenklosters St. Stephan in der Karolingerzeit. In: Schnith, Karl Rudolf; Pauler, Roland (Hrsg.): Festschrift für Eduart Hlawitschka zum 65. Geburtstag. Kallmünz 1993. S. 97-109.

Graus, Frantisek: Sozialgeschichtliche Aspekte der Hagiographie der Merowinger- und Karolingerzeit. Die Viten der Heiligen des südalemannischen Raumes und die sogenannten Adelsheiligen. In: Borst, Arno (Hrsg.): Mönchtum und Episkopat zur Gründungszeit des Klosters Reichenau. Sigmaringen 1974. (=Vorträge und Forschungen 20) S. 131-176.

Graus, Frantisek: Volk, Herrscher und Heiliger im Reich der Merowinger. Studien zur Hagiographie der Merowingerzeit. Prag 1965.

Heidrich, Ingrid: Die urkundliche Grundausstattung der elsässischen Klöster, St. Gallens und der Reichenau in der ersten Hälfte des 8. Jahrhunderts. In: Classen, Peter (Hrsg.): Die Gründungsurkunden der Reichenau. Sigmaringen 1977. S. 31-62.

Heitzler, Abert; Wilsdorf, Christian: Artikel Murbach. In: Helvetia Sacra III, 2. (1986). S. 872-895.

Himly, Jean François: Neue Erkenntnisse zur merowingischen Geschichte des Elsass. In: Lademacher, Horst (Hrsg.): Austrien im Merovingerreich. Niederschrift über die Tagung der Arbeitsgemeinschaft für westdeutsche Landes- und Volksforschung in Mainz vom 26.-28. Oktober 1964. Bonn 1965. S. 74-80.

Himly; Jean François.: Recherches récentes sur les origines de l'abbaye de Murbach. In: RA 88 (1948). S. 191-196.

Keller, Hagen: Fränkische Herrschaft und alemannisches Herzogtum im 6. und 7. Jahrhundert. In: ZGORh 124 (1976). S. 1-30.

Kölzer, Theo: Merowingerstudien II. Hannover 1996. (=Studien und Texte/Monumenta Germaniae Historica 26)

Koep, Leo: Das Himmlische Buch in Antike und Christentum. Eine religionsgeschichtliche Untersuchung zur altchristlichen Bildersprache. Bonn 1952. (=Theophaneia Beiträge zur Religions- und Kirchengeschichte des Altertums 8)

Lademacher, Horst (Hrsg.): Austrien im Merovingerreich. Niederschrift über die Tagung der Arbeitsgemeinschaft für westdeutsche Landes- und Volksforschung in Mainz vom 26.-28. Oktober 1964. Bonn 1965. S. 74-80.

Levison, Wilhelm: Die Iren und die fränkische Kirche. In: Prinz, Friedrich (Hrsg.): Mönchtum und Gesellschaft im Frühmittelalter. Darmstadt 1976. (=Wege der Forschung 312) S. 91-111.

Ludwig, Uwe: Murbacher Gedenkaufzeichnungen in der Karolingerzeit. In: Alemannisches Jahrbuch (1991/92). S. 221-299.

Müller, Joachim: Die Klosterkirche Murbach im Elsass. Köln 1992. (=Veröffentlichung der Abteilung Architekturgeschichte des Kunsthistorischen Instituts der Universität zu Köln 44)

Neiske, Franz: Vision und Totengedenken In: Frühmittelalterliche Studien 20 (1986). S. 137-186.

Parisse, Michel : Artikel Kloster. Geschichte. In: Lex. Ma. Bd. 5. München 1991. Sp. 1218-1222.

Prinz, Friedrich: Austriens Stellung in den monastischen Kulturströmungen des Merowingerreiches. In: Lademacher, Horst (Hrsg.): Austrien im Merovingerreich. Niederschrift über die Tagung der Arbeitsgemeinschaft für westdeutsche Landes- und Volksforschung in Mainz vom 26.-28. Oktober 1964. Bonn 1965. S. 80-92.

Prinz, Friedrich: Frühes Mönchtum im Frankenreich. Kultur und Gesellschaft in Gallien, den Rheinlanden und Bayern am Beispiel der monastischen Entwicklung (4. bis 6. Jahrhundert). 2. Aufl. München 1988.

Prinz, Friedrich: Frühes Mönchtum in Südwestdeutschland und die Anfänge der Reichenau. In: Prinz, Friedrich (Hrsg.): Mönchtum und Gesellschaft im Frühmittelalter. Darmstadt 1976. (=Wege der Forschung 312).

Prinz, Friedrich: Heiligenkult und Adelsherrschaft im Spiegel merowingischer Hagiographie. In: HZ 204 (1967) S. 529-544.

Richter, Michael: Neues zu den Anfängen des Klosters Reichenau. In: ZGORh 144, NF. 105 (1996). S. 1-18.

Schieffer, Rudolf: Artikel Eigenkirche, -nwesen. In: Lex Ma. Bd. 3. München 1986. Sp. 1705-1710.

Schmid, Karl; Oexle, Otto, Gerhard: Voraussetzungen und Wirkungen des Gebetsbundes von Attigny. In: Francia, Forschungen zur westeuropäischen Geschichte 2 (1974). S. 71-122.

Schmid, Karl; Wollasch, Joachim: Societas et Fraternitas. Begründung eines kommentierten Quellenwerks zur Erforschung der Personen und Personengruppen des Mittelalters. In: Frühmittelalterliche Studien 9 (1975). S. 1-48.

Schulte, Aloys: Der Adel und die deutsche Kirche im Mittelalter. Studie zur Sozial-, Rechts- und Kirchengeschichte. 3. Aufl. Darmstadt 1958.

Seibert, Hubertus: Artikel Murbach. In. Lex. Ma. Bd. 6. München 1993. Sp. 993-940.

Semmler, Joseph: Artikel Pirminus. In: Lex. Ma. Bd. 6. München 1993. Sp. 2175-2176.

Staab, Franz: Untersuchungen zur Gesellschaft am Mittelrhein in der Karolingerzeit. Wiesbaden 1975.

Tellenbach, Gerd: Der Liber Memorialis von Remiremont. In: Ders. (Hrsg.): Ausgewählte Abhandlungen und Aufsätze. Bd. 2. Stuttgart 1988. S. 438-484.

Tellenbach, Gerd: Liturgische Gedenkbücher als historische Quellen. Erstdruck in: Mélanges Eugène Tisserant T. 5. Studi e Testi, Vol. 235. Città del Vaticano: Bibliotheca Apostolica Vaticana. 1964. S. 389-402. Jetzt in: Tellenbach, Gerd: Ausgewählte Abhandlungen und Aufsätze. Bd. 2. Stuttgart 1988. S. 426-438.

Vollmer, Franz: Die Etichonen. Ein Beitrag zur Frage der Kontinuität früher Adelsfamilien. In: Tellenbach, Gerd (Hrsg.): Studien und Vorarbeiten zur Geschichte des großfränkischen und frühdeutschen Adels. Freiburg 1957. (=Forschungen zur oberrheinischen Landesgeschichte 4) S. 137-184.

Wentzcke, Paul: Chronik und Urkundenfälschungen des Klosters Ebersheim. In: ZGORh 64 (1910). S. 35-75.

Wiegand, Wilhelm: Die ältesten Urkunden für St. Stephan in Straßburg. In: ZGORh 48, NF 9 (1894). S. 389-442.

Wilsdorf, Christian.: Le comte Eberhard, fondateur de Murbach. In: Saisons d`Alsace 82 (1983) S. 22-27.

Wilsdorf, Christian: Le monasterium Scottorum de Honau et la famille des ducs d`Alsace au VIII$^e$ siècle. Vestiges d`un cartulaire perdu. In: Francia 3 (1976). S. 1-87.

Wilsdorf, Christian.: Les Etichonides au temps carolingiens et ottoniens. In: Bulletin philologique et historique (jusqu`à 1610) du Comité des travaux historiques et scientifiques, 1964. S. 1-33.

Wollasch, Joachim: Mönchtum des Mittelalters zwischen Kirche und Welt. Münster 1973. (=Münstersche Mittelalter – Schriften)

Zotz, Thomas: Artikel Etichonen. In Lex Ma. Bd. 3. München 1986. Sp. 57.

Anhang

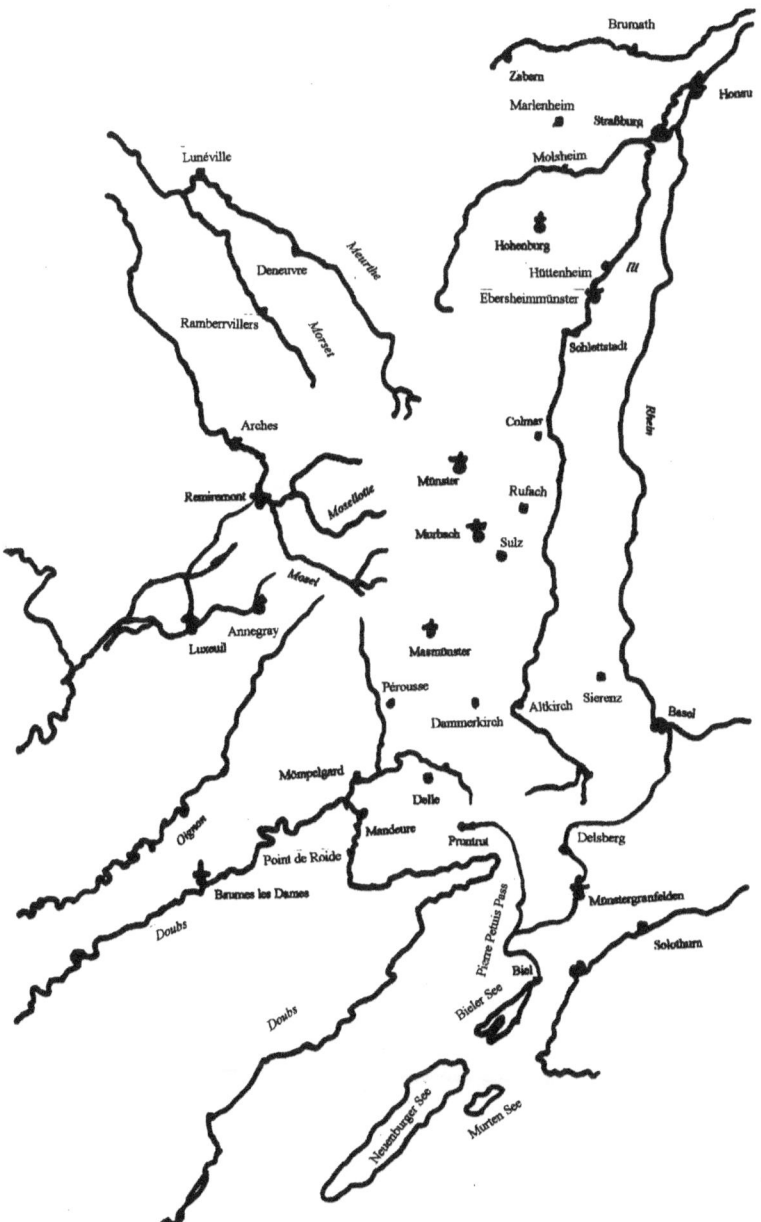

Die Klostergründugen der Etichonen im Elsaß

Die Karte veranschaulicht, dass die Klostergründungen der Etichonen über das gesamte Elsass verteilt waren.

www.ingramcontent.com/pod-product-compliance
Lightning Source LLC
Chambersburg PA
CBHW020128010526
44115CB00008B/1032